Sobre el autor

...

Gilberto Rendón Ortiz es un escritor de literatura infantil y juvenil con una amplia formación humanística. Su obra ha merecido múltiples premios y distinciones por su calidad literaria y ha sido publicada en editoriales como Alfaguara, Amaquemecan, Castillo, EDEBE, EDINUM, Gente nueva, Dietskaya literatura, El Arca, Libresa, Progreso y otras. Ha publicado en Internet en el portal Libros Maravillosos, **Grifos, enigmas y adivinanzas** del Siglo de Oro para el siglo XXI. Es autor también de obras de divulgación científica como Algoritmos de la invención, Ingeniería del juguete, El libro de los maravillosos autómatas de juguete. Mantuvo en Internet la página Odisea Revista personal de revistas con temas diversos de Literatura Infantil.

Cualquier comunicación con el autor en
grendonor@gmail.com

Henri Poincaré, Método y ciencia, Espasa Calpe, Madrid, 1963.

György Lukács, Teoría de la novela, Siglo Veinte, Buenos Aires, Argentina, 1974.

Francoise Pérus, Historia y crítica literaria, Casa de las Américas, La Habana, Cuba, 1982.

José Ángel García Landa, Acción, relato, discurso. Estructura de la ficción narrativa, Universidad de Salamanca, 1998.

Daniel Nahun, Introducción a la teoría y crítica de la literatura infantil. Montevideo Uruguay 2013.

Antonio Moreno Verdulla, Literatura infantil: introducción en su problemática, su historia y su didáctica, Servicio Publicaciones Universidad de Cádiz, 1998.

Frank Smith, De cómo la educación apostó al caballo equivocado, Aique, Buenos Aires, 1994.

Raman Selden, Historia de la crítica literaria del siglo XX: Del formalismo al postestructuralismo, Volumen 11 de Teoría literaria, Ediciones AKAL, Madrid, 2010.

Joel Franz Rosel, ¿Qué es la literatura infantil? Un poco de leña al fuego.

Maryanne Wolf, Como aprendemos a leer, Ediciones B, Barcelona, 2008.

Saniel Lozano Alvarado, Rumbos de la Literatura Infantil y Juvenil, La Libertad, Lima, 1996.

Margit Frenk Alatorre, Del siglo de oro español, El Colegio de Mexico AC, México, D. F. 2007.

J. Middleton Murry, El estilo literario, FCE, México, D. F. 1976.

¿Escribir para niños?
¡Es muy sencillo... y muy difícil!

Gilberto Rendón Ortiz

¿Escribir para niños?
¡Es muy sencillo... y muy difícil!

Gilberto Rendón Ortiz

Copyright © 2019 Gilberto Rendón Ortiz
ISBN: 9781692519421

Todos los derechos reservados conforme la ley. Prohibido reproducir, registrar o transmitir esta publicación, íntegra o parcialmente, por cualquier sistema de recuperación y por cualquier medio, sea mecánico, electrónico, magnético, electroóptico o por cualquier otro, sin la autorización previa por escrito del autor.

INDICE

Introducción 1
1. Lo Esencial. 9
2. Lo Central 29
3. Lo Accesorio 63
4. Los Fundamentos 103
5. Generalidades 155
Alguna bibliografía. 184

Introducción

No es mi intención presentar un manual o fórmulas para escribir literatura infantil y juvenil, cuanto que la escritura es un descubrimiento personal, una metáfora propia que uno mismo se inventa, máxime si hablamos de literatura para niños. Lo que aquí comparto con el amable lector es una visión particular de la literatura infantil en su interior e intimidad que podría ser de utilidad para quien estudia o para quien escribe y tiene pequeños tropiezos con algunas ideas que luego circulan por ahí sobre cómo debe ser la literatura para niños o simplemente para quien desea aclarar o confrontar sus propias ideas con el punto de vista de otro autor. Más que en lo práctico, me detengo en cuestiones que deben pensarse para conocer mejor la literatura para niños. Sin alcanzar la profundidad que corresponde a estudios académicos, toco lo esencial, la media superficie de asuntos fundamentales para el escritor.

En este escrito reúno notas que he elaborado ocasionalmente para alguna charla, taller o conferencia, lo mismo que apuntes tendientes a aclararme en lo personal distintas cuestiones sobre el oficio de escribir para niños, también hay ideas o conceptos valiosos de otros escritores que he atesorado por algún tiempo. He tratado de integrarlas y darles un ordenamiento; provenientes de distintos papeles, al cortarlas allá y pegarlas acá, algunos fragmentos suyos, cual parches del mismo trapo, se parecen en distintas partes.

Escribo para niños desde hace poco más de cuarenta y cinco años, si bien el interés en la literatura infantil es más antiguo; adolescente, por ejemplo, me dediqué a seleccionar lecturas para mis hermanos menores por lo que, aparte de encontrar esos libros, leía las recomendaciones de quienes comentaban sobre libros para niños. Algunas notas de literatura infantil de Herminio Almendros y Antoniorrobles fueron mis primeras orientaciones teóricas. Desde entonces, si no es que desde siempre, mi vida ha sido en parte la literatura infantil. Primero lecturas, luego escritura. Empecé recién entrado a la adolescencia a escribir algo de poesía y de narrativa en general, cosa que me acostumbré a hacer en los tiempos libres que dejaba el estudio y luego el trabajo, hasta que a fines del año de 1979, cuando ya había obtenido un par de premios literarios, cinco o seis años después de que me había definido como escritor de literatura para niños y escrito para ellos cuentos y un par de novelas cortas, un par de libritos de divulgación, un programa de televisión que duró varios años, y otras invenciones, decidí invertir las cosas y dedicarme de plano a escribir y dejar las otras actividades, estudio o trabajo, para los ratos libres.

Todo esto viene a cuento porque las notas tienen un sello personal y son abiertamente una defensa del oficio que ejerzo. Luego, a falta de crítica literaria para comprender adónde va nuestra literatura, me veo en el espejo. Las pocas referencias que hago de mi obra en estos apuntes son mucho menos de las que hice a un lado, pero mi estudio de la literatura infantil, comenzó, decía, en el espejo, analizando mi escritura desde las enseñanzas que podía sacar de la lectura de mis autores favoritos, cuya influencia reconozco. Por ejemplo, tras leer a

Salarrué, sus hermosísimos Cuentos de cipotes, saltaba a la vista la imposibilidad de darle a mi cuentística un tono similar, un tratamiento disparatado del lenguaje. No va conmigo. Y sin embargo, leer a Salarrúe fue, es, una lección extraordinaria que nos enfrenta no sólo al uso del lenguaje y a un peculiar método artístico sino a toda una concepción ideológica. Mis apuntes estaban llenos de consideraciones de este tipo aplicadas a mi entender a mi obra, a sus carencias o a sus pocos aciertos. Quedan en este escrito, decía, lo menos referida a ella.

Lo que no puedo hacer a un lado es la defensa ardiente de la literatura para niños. La literatura infantil se ha ganado un lugar en la historia de la literatura, en los espacios de la literatura, por si sola, antes del reconocimiento de las teorías literarias, digamos que se trata de la experiencia creadora concentrada de numerosos escritores de diversas épocas que con sus obras dan cuerpo y sustancia, con su sola existencia, a la literatura dedicada a los niños. Se la puede tratar como un género o mejor como un género de géneros, o una categoría especial, nunca más ignorar.

La cuestión del título tiene la idea de decir que escribir para niños está en chino, si bien lo había escrito en ruso antes de corregirlo: Это так просто! Это так сложно! ¡Es muy sencillo... Y es muy difícil!, porque en efecto parece algo tan sencillo que cualquiera se atreve a hacerlo, pero pocos escritores logran que sus textos alcancen la categoría de verdadera literatura infantil, por lo menos como se define en estas páginas: como una obra artística.

He dividido este escrito en cinco partes.

Lo Esencial

Lo Central

Lo Accesorio

Los Fundamentos

Generalidades

En el primer apartado se establece que la literatura infantil requiere de la intención precisa de hacer arte. Se habla del estilo literario como fundamento de esa voluntad artística y se enuncia el problema fundamental del estilo que es de forma y contenido. Nos extendemos en la idea y el tema como elementos básicos del contenido y discutimos sobre los temas de la literatura infantil, para luego dedicarnos a la forma, la estructura interna de la obra literaria, la cual descansa en el lenguaje, la composición, la entonación y otros recursos expresivos. Aquí se habla del lector, de nuestro destinatario y lo que representa para el autor y, finalmente, se hace referencia a una definición del estilo.

En el segundo apartado nos extendemos en lo central del estilo, o sea el asunto, los personajes y el lenguaje. Comentamos la importancia del asunto. El tono como referente emocional del estilo y su relación con el lector infantil. El método artístico. Los personajes y la lógica de los caracteres literarios. La parte estructural de la obra. El argumento y el punto de vista narrativo. El lenguaje, la lengua poética. La composición y la lectura. La redondez de la obra literaria.

Lo accesorio en el tercer apartado hace referencia a las características generales de la literatura dedicada a los niños y describe esquemáticamente el proceso de escritura, de la idea al desenlace. Toca asimismo desde el punto de vista de ese esquema, el tono, el ritmo, el sentido de la belleza y la revisión final para abundar un poco en el proceso creativo subconsciente.

Los fundamentos tienen su soporte en gran parte en un artículo que publiqué hace tiempo sobre una caracterización de la literatura infantil. Hubiera podido colocar al inicio este apartado, pero preferí comenzar con lo amable y dejar para después lo verdaderamente polémico que hay en torno de nuestra literatura. Durante mucho tiempo se le negó un espacio en el mundo de las letras. Escribir para niños no es literatura, se dijo. Ahora tendría que ser un asunto cerrado por el peso mismo de la literatura infantil. Se insiste en la necesidad de una crítica literaria.

En el quinto y último apartado se hace referencia a algunos autores de literatura infantil y su manera particular de abordar la literatura. Leer una tonelada de libros de literatura para niños para aprender a escribir. Al final se insertan algunas notas desbalagadas que vendrían en apoyo de algunos puntos anteriores.

Ahora bien, todo lo que se trata aquí se refiere exclusivamente a la literatura infantil, a la narrativa y ficción para niños. Existen otra clase de libros para niños, como son los de instrucción, de divulgación, de información enciclopédica, de texto y de entretenimiento, los cuales cumplen funciones muy importantes en la vida de niños y adultos. También abundan los libros de poesía que son un mundo aparte.

Cuando hablo de la pacotilla literaria, de la caricatura de literatura, o de la compulsión educadora que se quiere para la literatura infantil, nada tienen que ver estos libros que gozan de todo mi aprecio.

1. Lo esencial

Escribir para niños es un arte de la palabra. La literatura infantil es arte de la palabra escrita.

El arte conocido desde los griegos es sobre todo el vuelo libre del espíritu conducido con firmeza en la imaginación creadora.

Literatura dirigida a los niños, el cuento, la novela, la literatura infantil y juvenil. Sin apremios extraliterarios, libre de enseñanzas morales y preocupaciones educadoras.

Antoniorrobles diría que el cuento infantil "debe ya de ser literatura". Y se extiende en una explicación que, dada en 1964, parecería que la pronuncia para estos tiempos: "Resultará buena o mala, pero no ha de pretender otra cosa (que ser literatura)... Dejemos que también sea la literatura parte de la vida del niño. La historia literaria es una ciencia que estudia lo que se ha escrito anteriormente para entretenimiento del hombre. Que la pedagogía estudie y acepte o no —¡trascendente misión!— lo que para su educación puede leer el niño. Pero dejando que el literato haga su obra sin preocupaciones de cultura ni pedagógicas".

La literatura infantil se define a si misma en el adjetivo precioso que la enmarca en el mundo de las letras.

Es literatura cuando hay intención literaria en su ejecución. Si no hay esa voluntad precisa de hacer literatura, una voluntad artística, en un texto dedicado a los niños no es literatura, tampoco literatura infantil. Entendemos la literatura como la manifestación más elevada del lenguaje.

La intención literaria, la intención de hacer literatura con la palabra escrita, está determinada por el estilo y el uso de la lengua poética.

El estilo literario es personal, característico del autor, quien crea su propia manera de abordar la escritura, su estilo. Lo hace en la práctica en base a su experiencia lectora y a las enseñanzas de la vida. "Un estilo tiene que ser individual porque es la expresión de una manera individual de sentir", dice Murry.

La lengua poética se diferencia de los otros lenguajes porque está constituida por un código poético que permite el uso elaborado o artístico del lenguaje.

El estilo es forma y contenido; pero sobre todo es forma. La manera de narrar, de abordar las ideas y los temas, de describir a los personajes, de concebir la estructura, el tono, el ritmo, la composición...

El problema fundamental del estilo es de forma, no de contenido. Sin embargo, en cualquier obra literaria el papel principal pertenece al contenido.

Los elementos básicos del contenido de una obra de arte son el tema y la idea, que revelan la esencia de los fenómenos y la concepción del mundo del escritor. La forma da a ese contenido valor literario a través del lenguaje, la composición, la entonación y toda clase de recursos empleados para la organización interna de la obra artística. Lo ideal es que forma y contenido constituyan una unidad perfecta. De hecho, en la práctica, la forma y el contenido son una misma cosa. Lo que se dice emerge al mismo tiempo de la misma fuente creadora.

El punto de partida de toda obra literaria es la idea, el deseo de escribir sobre cierto asunto que despierta el interés del autor. Es una idea creadora que surge de la experiencia cotidiana, de impresiones, recuerdos, observaciones y asociaciones que disparan el mecanismo de la creación. La idea de inicio encierra la comprensión intuitiva de lo que se quiere contar.

En cierto momento en que escribía yo Cascabel, un cuento situado en el valle del Mezquital, me vino la imagen de una plántula arrastrada por el viento en un paraje desolado, tal como había visto algunos meses antes, y de modo instantáneo la idea de escribir sobre el renacer de la naturaleza. Hice un breve apunte al margen de Cascabel y este dio pauta para escribir poco después el cuentecito Amole. Las ideas de esta naturaleza son como el humo, como el sueño, se desvanecen tal como llegaron. De ahí lo oportuno y aconsejable que es apuntarlas al momento. En este caso, cuando se escribe una serie de cuentos similares, las ideas pueden surgir encadenadas, y unas dan pie a las otras.

En otra ocasión la idea vino de una vieja lectura casi olvidada, como es el caso de Torito

Pinto inspirado en una de las minificciones que, como cuentos de velorio, recoge Fernando Benitez en el tomo III de Los Indios de México. El disparador de la idea se dio al tropezar el autor en el librero con Rompetacones y 100 cuentos del escritor español avecindado en México Antoniorrobles. Apenas lo tuve en las manos, y sin abrirlo siquiera, lo volví a guardar, pues me asaltó una idea y tenía que apuntarla de inmediato. Había recordado un cuento antitaurino de ese libro y lo asocié al minicuento del torito del cuerno quebrado del cual en ese momento decidí tomar la anécdota.

Dos son las fuentes de ideas del escritor: la propia existencia, la vida, y las obras (no sólo literarias) de los hombres (y de las mujeres). No hay otras. Cierto, la naturaleza brinda muchos motivos literarios para reflexiones muy lúcidas sobre los fenómenos naturales, como en Trabajadores del mar, de Victor Hugo, o para observaciones imaginativas de la vida silvestre como en el Bambi de Félix Salten o La colina de Watership de Richard Adams. A la naturaleza, sin embargo, lo mismo que al contexto social, la considero como parte de las relaciones existenciales del autor.

El escritor tiene su propia concepción del mundo la cual incluye lo mismo aspectos políticos que filosóficos, sociales, históricos, morales y estéticos derivados de su experiencia individual, algo de lo cual pone en su obra a través de un método artístico, cuanto que la idea literaria ha de revestirse de mundo, llevarse adelante, llenarse de sustancia, de nuestra forma de ver el universo, de nuestra manera de pensar. Transfigurar la idea para revelar todo lo que hay alrededor suyo en cuanto lo que se desea narrar, el tema de la obra. El tema es el mundo que la viste, que la rodea, es definición de acción y personajes. Se ha dicho que el tema responde a la pregunta: ¿Sobre qué trata mi historia, sobre quién? El tema se va a referir tanto a lo que ocurre como a quien le ocurre, pero además el tema muestra la manera como el autor visualiza y representa su mundo ficcional, cómo concibe cuanto hay alrededor de la acción y los personajes.

El tema es el escalón en el que la idea ha de treparse para alcanzar alguna originalidad. No hay nada nuevo bajo el sol. Cualquier idea que se ocurra al más creativo autor, ya la han tenido otras muchas personas. Para ser original, ha de llevar a un nivel más elevado esa idea y tratarla de manera personal, es decir: la originalidad se encontrará en el tratamiento.

Existen grandes y pequeños temas en la literatura infantil, temas universales y temas singulares de cualquier tipo. En todo caso en ellos salta a la vista el alcance de la obra, de la ideología intrínseca, de su modo de idear el asunto literario y de tratarlo. Se puede hablar de la vejez, como la hace Elena Dreser en libros como Federico Federico y Mi abuela tiene diez años, lo mismo que de la muerte de un familiar o conocido, tal como en Mi amigo el pintor, de Ligya Bojunga, o inventar un superhéroe como lo hace Jaime Alfonso Sandoval en Confidencias de un superhéroe, igualmente no falta quien trate sobre la gastronomía, la amistad, el amor, la anorexia, las brujas o los fantasmas. No hay temas prohibidos. Perdón, si hay una prohibición expresa sobre un tema que pese a la prohibición se trata con frecuencia: no se puede escribir de lo que no se siente, de lo que no se sabe o es indiferente al creador. La literatura infantil es bastante seria como para tomarse a la ligera.

Hay temas de siempre, temas eternos y temas actuales y coyunturales, a la vez que hay tendencias en la literatura que marcan su evolución y nuevos derroteros a seguir. En principio no entiendo el menosprecio o descalificación que a veces se hace a la literatura con temática nacional, mexicana. La entendería si una crítica literaria en si la descalificara no por la temática sino por lo fallido del asunto de una obra por ejemplo, por la torpeza del tratamiento o el estilo ramplón, su escuálido contenido o sus fallas de sintaxis. Pero ese menosprecio proviene más bien de una postura anti nacionalista propia de la crisis de la conciencia nacional que vive México, como señalara Jaime Labastida hace algunos años. Un importante editor para fundar su criterio de no dar paso a temas mexicanos, decía "Es bueno conservar las tradiciones pero no quedarse enterrado en las raíces" . Un ejemplo de esa descalificación de "los temas mexicanos" lo vemos en el sucinto panorama que una estudiosa hace de la literatura infantil, en donde supone que una visión editorial globalizante, que arma su fondo editorial con el de otros países, es la vanguardia en la literatura. En un comentario previo dice en referencia a lo mexicano: "Como se ve en este capítulo esto no es necesariamente malo o negativo", para mas tarde escribir "Caída en desuso la instrucción religiosa, queda la formación de los valores cívicos y patrióticos", cosa que parece disgustarle ocurra en México y no en todos los demás países del mundo. Lo cierto es que en asuntos mexicanos anda un poquitín perdida, cuando lamenta: "Máxime, sí, como en México, existe una figura histórica como la de los "niños héroes"... que frente a la invasión francesa prefirieron inmolarse... convirtiéndose en mágico fertilizante para poemas... y demás vehículos propagandísticos con los pequeños mexicanos como destinatarios y víctimas".

La desmitificación de algunos hechos de la historia pudiera ser un ejercicio necesario para los estudios históricos. El caso es que esto se viene haciendo desde los años 30 del pasado siglo XX, inclusive en libros de texto para primaria, como la Historia Patria de Luís Chávez Orozco, escritor que descalificaba o ponía en duda cualquier hecho tenido por glorioso por otros historiadores. El revisionismo moderno en cambio cobra un nuevo impulso ante décadas de neoliberalismo oligárquico del estado mexicano que asume la globalización como una forma de entregar el país a la codicia de capitales extranjeros. Es, pues, una postura ideológica propia de la decadencia mexicana a la que se refiriera Fernando del Paso luego de recibir el Premio Cervantes de Literatura. En ese contexto la estudiosa hace la crítica de los temas mexicanos como intentos de catequizar o vivir en el pasado. Y enumera algunos títulos que a pesar de tratar temas mexicanos "se salvan" desde su punto de vista.

Lo cierto es que cualquier texto que fuera escrito en primera instancia con la intención de moralizar, catequizar, enseñar, por más mexicano, o por más trasnacional, que sea, no entra en la categoría de literatura infantil, sino en cierta caricatura que se le parece o en alguna otra clase de textos instructivos. Lo que ocurre con estas categorizaciones es que no se practica la crítica literaria, sino sólo se hace catálogo de libros o de autores, tampoco se hace distinción entre esa caricatura de literatura y la verdadera literatura infantil y por lo mismo se incluye de todo en los panoramas de literatura infantil y juvenil mexicana, inclusive textos "más modernos" sin ninguna calidad literaria o libros que encarnan el nuevo didactismo con mensajes "avanzados" y temas de coyuntura. Mientras no exista una crítica literaria la pacotilla que se publica bajo el rubro de literatura infantil y juvenil seguirá siendo considerada dentro de esta.

Es importante extenderse un poquito sobre el tema de lo mexicano, cuanto que vivimos en México, somos mexicanos, escribimos en México y nos sustentamos en nuestras vivencias y cultura. ¿Esperan que escribamos, por ejemplo, sobre las antigüedades europeas, trols, gnomos y duendes o las ruinas de Stonehenge, en lugar de las antigüedades mexicanas, chaneques, tzitzimimes y tlaloques o las ruinas mayas, sobre la segunda guerra mundial en lugar de la guerra de intervención norteamericana, sobre un viaje a París, en lugar de un viaje a Acapulco, sobre el carnaval de Venecia en lugar de la Fiesta del tigre, sobre la emigración árabe a Europa y no sobre los emigrantes que pasan a uno y otro lado de nuestras fronteras, sobre la Revolución francesa en lugar de la Revolución mexicana? Nuestros niños, de por sí están más que instruidos en los valores patrios extranjeros que dominan la televisión mexicana. Y parece que no sólo nuestros niños.

Y de igual manera, lo mexicano no nos detiene para escribir historias de trols y duendes o situadas en los Cárpatos eslovacos, la isla de Corfú y la Vía Francígena, la edad media española, la ciudad de Roma o un pueblito alemán, lo mismo que en San Francisco y Los Angeles, cosa que he hecho alguna vez; pero, para no extraviarnos vienen al caso unas palabras de Ezra Pound dichas mucho antes de la globalización: "Otra lucha ha sido por conservar el valor de un carácter local y particular, de una cultura particular en este horrible "maesltrom", en este horrible alud de uniformidad. Toda la lucha es por conservar el alma individual. El enemigo es la supresión de la historia; en contra de nosotros están la propaganda desconcertante y el lavado cerebral".

Y mientras aquí se condena escribir sobre México, para muchos grandes artistas, México ha sido "el maravilloso país de todas las posibilidades", como cuenta Tablada lo era para Heinrich El aduanero Rousseau y Guillaume Apollinaire, y otros autores con cuyos nombres se podría armar una larga lista.

Para cerrar el tema, una cita de Lukacs sobre los importantes lazos que nos unen con nuestra casa primordial: "Este mundo es homogéneo, y ni la separación entre el hombre y el mundo, ni la oposición del Yo y el Tu podrían destruir esa homogeneidad. El alma se sitúa en el mundo como cualquier otro elemento de esa armonía; la frontera que le da sus contornos no se distingue del contorno mismo de las cosas; ella traza líneas netas y seguras pero no separa sino de manera relativa, en función de un sistema de homogeneidad y equilibrio... Las relaciones del hombre con los otros y las estructuras que nacen son, como él, ricas en sustancia, es decir, más ricas, porque son más universales, más filosóficas, más próximas y más emparentadas con la patria arquetípica: amor, familia, ciudad". O como lo expresaría Pablo Neruda, en alguno de sus poemas dedicados a México, "el último de los países mágicos": La patria llama al corazón "dulcemente como una novia pobre".

El otro componente del estilo, la forma, es la estructura interna sobre la que descansa la narración, el ir y devenir del contenido. La constituyen elementos como el lenguaje, la composición y recursos expresivos como la palabra, la rima, el ritmo, la entonación...

Haciendo paráfrasis de Georg Lukacs en su Teoría de la novela, diría que mientras otros géneros artísticos descansan en una forma acabada, la literatura infantil aparece como algo que deviene, como un proceso. Y por eso es el género más expuesto a peligros desde el punto de vista artístico. Camina sobre el filo de una navaja o si se quiere en una cuerda floja; pero no sólo eso, sino que, siguiendo la paráfrasis, agregaría que la literatura infantil es el único género que posee una caricatura que se le parece casi hasta confundirse con ella. Así se ha llamado literatura infantil a mucha obra de escasos merecimientos dedicada a los niños, la cual ofrece todas las características exteriores de la literatura infantil, pero que en esencia no ofrece nada artístico.

La extraordinaria sencillez formal de algunas obras para niños hace creer en la falsa ilusión de que escribir para ellos es una fruslería que cualquiera puede hacer, de ahí el atrevimiento de muchos y la incomprensión de otros respecto a las dificultades propias de un oficio tenido por menor. El hijo del elefante o El gato que andaba solo, no son obras menores de Kipling que, además de estos cuentecitos que manan de la tradición popular de su India natal, nos regala obras tan complejas como Kim y El libro de las tierras vírgenes. De uno a otro extremo con la misma pluma maestra, sin concesiones para el pequeño destinatario de cuya competencia lectora no hay duda. Kipling como cualquier otro escritor escribía para niños lectores, si bien algunos de sus cuentos los pensó para chicos que empiezan a leer verdaderamente y sus novelas o cuentos largos para los que son ya verdaderos lectores.

La edad y la competencia lectora es uno de los asuntos más delicados de la literatura infantil y si bien el autor puede resolver con acierto cuál sería su destinatario, los mediadores vacilarán siempre. Al momento de escribir la primera línea el escritor ya tiene en mente a un lector específico, posiblemente un lector modelo con determinadas competencias lectoras o un lector, como sugiere Umberto Eco, que ha de construirse al mover el texto. "La naturaleza del lector, lo dice Tolstoi, y la actitud hacia él, determinan la forma y la resonancia de la obra creada por el artista. El lector forma parte integrante del arte". El autor hace todo lo posible para que el goce estético del lector se corresponda con la intención artística de su obra, a sabiendas, es de esperar, de que un texto no sólo se apoya sobre una competencia, también contribuye a producirla.

El dirigirse a un lector, nos recuerda Jrapchenko, no implica para el artista de talento una limitación en sus proyectos y búsquedas creadoras, sino representa la mayor fuerza a que sus obras pueden aspirar.

Nuestro destinatario tiene una preciosa edad.

Algunos estudiosos establecen un rango de ocho a doce años para el lector de literatura infantil, mientras que otros lo extienden hasta los catorce años (criterio al cual yo me apego). Vale considerar estas edades con la acotación que hacen en los estudios estadísticos de "con un error de más menos" 1 o 2 años. Nos desatendemos por completo en estos apuntes de la edad no lectora. De cualquier manera, el propio concepto de lector implícito representa potencialmente una suma de posibilidades de lectura, de cualquier tipo y cualquier número de lectores admisible por la estructura del texto.

De Perogrullo es el hecho de que se escribe una obra literaria para un público lector específico, no sólo para niños que son lectores sino para determinada competencia lectora. Nadie escribe para quien no sabe leer, no lee, no le interesa leer, odia leer o no puede leer. Si no se hace referencia a un público lector, a niños y jovencitos que son lectores, si se habla de la generalidad de los niños, de todos, es un disparate plantear preguntas como estas: "literatura infantil ¿para cuáles niños? ¿de qué sector social, edad, nivel informativo y cultural?", y sugerir con ironía, "una literatura específica para cada una de las edades, sectores, niveles", y todavía añadir: "¿cuál sería el límite de claridad, sencillez, extensión... que incluya como posibles lectores a todos, o a la mayoría de los niños?". Parrafadas que obviamente no se dicen en similar sentido de la literatura en general en donde el nivel lector es de una desigualdad abisal. La literatura infantil es una manifestación artística para un publico lector no una medicina que se suministra en dosis específicas a la población infantil.

No pasamos por alto el carácter polisémico de la obra literaria de cuya lectura se desprende la no-inmanencia del sentido y la no-universalidad del valor estético, en donde el sentido no necesariamente es el mismo para todos en el interior de una misma formación social, ni permanece idéntico a si mismo en todos los tiempos. A pesar de lo cual, hay que tomar en cuenta que la forma cuento o novela es tal que, siendo un buen cuento o una buena novela, acceden a ella lectores de distinto nivel cultural y que la literatura infantil tiende a ser de mayor facilidad lectora, lo que no significa una degradación artística sino un esfuerzo mayor de escritura. Anatole France lo dice con estas palabras: "Hay que buscar una manera especial cuando se escribe para los niños, elevar todo lo posible el pensamiento, que todo viva, que todo aparezca en la narración claro, magnífico, potente".

El estilo, y no las características que a veces se enuncian en cualquier parte como propias de la literatura infantil, determina lo que es específicamente literatura infantil. La obra puede resultar tan sencilla o compleja como cualquier texto adulto, no hay nada que obligue al escritor en particular, o al artista en general, a delimitar su creación a una forma, a unos contenidos o a una cierta extensión o a tal clase de palabras o a tal clase de recursos literarios, a tal grado de claridad o de sencillez, como pretenden algunos mediadores tratándose de literatura infantil. Lo que determina el vuelo y los límites de la obra literaria es la voluntad creadora. Escribir para niños es un arte complejo ciertamente que, se ajusta a las mismas leyes de la literatura en general y de manera particular sigue las leyes del tacto y el gusto. Estas dos categorías menores adquieren en la literatura infantil una importancia considerable, constitutiva.

El estilo suele definirse de tantas maneras como cabezas se han ocupado seriamente de él.

Middleton Murry, a quien me agrada tanto leer como citar, logra separar tres significados bien distintos de la palabra estilo: primero, como peculiaridad personal, esa individualidad de expresión propia del escritor que lo hace inconfundible; segundo, como técnica de exposición, la facultad de exponer lúcidamente una secuencia de ideas; y finalmente, como la más alta conquista de la literatura, la completa realización de una significación universal en una expresión particular y personal. Murry insiste mucho en que el estilo no es ornamento y se burla de quienes ingenuamente piensan que tener estilo es escribir bonito. Vale decir que el estilo es un medio, un instrumento, no un fin.

Para el objeto de estos apuntes el estilo se podría definir como "toda forma escrita individual con intención literaria", una fórmula sencilla para no entrar en la polémica de las múltiples definiciones contrapuestas que se derivan de las diversas concepciones artísticas igualmente contrapuestas.

2. Lo central

Grosso modo el estilo de una obra se centra en la creación del asunto, la realización de los personajes y en el lenguaje que hablan o con el cual se describen. Lo dice Rulfo de esta manera: "El problema, como les decía antes, es encontrar el tema, el personaje y qué va a decir y qué va a hacer ese personaje, cómo va a adquirir vida".

El asunto, confundido muchas veces con el tema o el argumento, es lo central del discurso de la obra literaria, el tronco en cuyos ramales se sostienen las ideas y las palabras.

El personaje, en este caso el personaje literario, es moldeado y definido, por el narrador por medio de la lengua poética.

El lenguaje, la forma definitiva revestida por la obra, es el instrumento comunicativo del escritor para obligar al lector a sentir la particularidad de su emoción.

Trataremos de ahondar un poco en cada uno de estos puntos.

Hemos de recurrir a Aristóteles para hacer claridad sobre el asunto: "Por cierto que el cuento de la Odisea es bien prolijo, y se reduce a que andando perdido por el mundo Fulano muchos años, y siendo perseguido de Neptuno hasta quedar solo; y estando por otra parte las cosas de su casa tan malparadas, que los pretendientes le consumían las rentas y armaban asechanzas a su hijo, vuelve a su patria después de haber naufragado, y dándose a conocer a ciertas personas, echándose al improviso sobre sus enemigos, él se salvó y perdió a ellos. Éste es el asunto; los demás son episodios".

El tema de La Odisea en tanto se podría enunciar en una frase: "El retorno del héroe a su hogar tras muchos años de ausencia". Los episodios a los que se refiere el estagirita son sucesos complementarios que la visten, la enriquecen; en tanto que su resumen, es el argumento. El asunto para Aristóteles es anterior al relato, y a partir de él nos dice los pasos a seguir: "En cuanto a los asuntos, estén ya hechos o hágaselos uno, es preciso trazarse el plan general y después pasar a episodios y desarrollos... Y una vez dados, después de esto, los nombres a los personajes, toca a la vez a los episodios, viendo la manera de que sean apropiados".

En un cuento corto para niños el asunto sería casi el cuento mismo, en un cuento largo, en una novela o noveleta, el asunto tendría sus partes y articulaciones sin llegar, si es obra para niños, al extremo que menciona Juan Rulfo: "La novela, dicen, es un género que abarca todo, es un saco donde cabe todo, caben cuentos, teatro o acción, ensayos filosóficos o no filosóficos, una serie de temas con los cuales se va a llenar aquel saco; en cambio, en el cuento tiene uno que reducirse, sintetizarse y, en unas cuantas palabras, decir o contar una historia que otros cuentan en doscientas páginas". Por el contrario, aún en obras mayores, y viene al caso La Odisea, sobra en el asunto todo aquello que es colateral: La justa medida se encuentra en el dominio del asunto, cuando se ha profundizado en él y se le conoce de tal forma que se aplican con corrección los giros y transiciones que lo desenvuelven y explican. "Conocer bien el asunto, que se maneja, su importancia, su extensión y sus grados de dignidad", aconseja Charles Batteux. De otro modo, si existiera un ápice de ignorancia, o si no se le domina, el autor puede irse de pronto por un lado equivocado, cerrar en falso, parodiar lo que pretende ser serio o sublime o simplemente realizar giros violentos, transiciones artificiales.

Algunas veces en la literatura moderna el asunto se hace a un lado, en el afán de hacer reflexiones y acrobacias con el idioma, en contra de la descripción de acontecimientos y sus consecuencias. La literatura infantil no es ajena a las tendencias literarias de la época, pero en su caso es primordial atenerse al asunto. El desarrollo del asunto en la literatura infantil, a diferencia de alguna literatura moderna, es del máximo interés para el pequeño y joven lector que podría desconcertarse cuando no logra captar de qué trata lo que lee.

Acabo de leer un cuento largo bastante regular si no es que malo, que hubiera sido mucho mejor como cuento corto, cuanto que la idea es graciosa, sin las largas descripciones de lugares por los que pasan los protagonistas para llegar al punto central, donde la abuela se identifica plenamente con la nieta, disfrazándose como ella. Es largo en relación al desarrollo del tema, no propiamente por su extensión. Aquí el autor no supo trabajar precisamente el asunto y gastó mucho más tiempo narrativo de lo que amerita la anécdota.

El asunto tendría que estar en armonía con el estilo y el estilo en armonía con la profundidad del relato; "la epopeya exige un tono mayor, el género epistolar, un tono menor". La literatura infantil ya en sí encierra un conjunto de procedimientos de entonación que le son propios de entrada, algo lúdico y hasta cierto punto algo indefinible hasta ahora, que explica la infantilidad del texto y las múltiples posibilidades de la literatura para niños.

Andrés Bello diría: "Lo importante es que el asunto contenga una acción capaz de cumplir la finalidad que siempre ha de tener toda obra literaria: excitar emociones vivas y cautivar la atención".

El tono, como referente emocional del estilo, tiene relación con un lector hipotético. A este el narrador se dirige con la voz que adopta para contar su historia, una voz que no es la propia del escritor sino del personaje—narrador que ha elegido para el efecto. Estamos hablando de la voz narrativa la cual se caracteriza por adquirir el tono o los tonos que determinan la manera como se abordan los temas y el lenguaje que adopta la voz del narrador, que, insisto, no es propiamente la del autor. El autor procura condicionar lo que dice, cuanto dice, como lo dice... por aquel o aquellos para quienes habla. En la vida real nos dirigimos de una manera a un nenito de tres años y de otra a un muchacho de diez años o a un jovencito de trece. Ese es el tono, con toda la riqueza que tiene la melodía de la voz; es la postura emocional con la que el narrador se dirige a su escucha. Es la emoción que acompaña a las palabras, a un cierto estado de ánimo que hace que la voz del narrador se engole, se afine, se vuelva grave o se eleve, se vuelva tipluda, alegre o confidencial. Aquí habría que subrayar que este es uno de los rasgos distintivos de la literatura infantil cuanto que el tono determina la manera como se abordan los temas y precisamente la manera de abordar los temas, su tratamiento, es la característica que hace diferente a la literatura infantil. El tono justo de voz no brota en automático en la literatura, hay que escogerlo, hacer pruebas, ensayos, intentos si no sale a la primera o a la segunda o tercera, hasta que sintamos que fluye con propiedad, que se desparrama fácilmente en las páginas en blanco. Hay un modo particular de entrar a la literatura infantil, de donde algunos muy buenos escritores de cuento o novela confiesan que les resulta difícil escribir literatura infantil, ajustar su método a otras exigencias, mientras que hay otros buenos escritores, yo citaría a José Revueltas, con un método más flexible, proteico, que les permite escribir para niños si se lo proponen.

Todo creador artístico tiene un método, una manera de llevar al arte de la literatura las ideas propias. A esto, dicho de manera simplificada, se le llama método artístico. No es una fórmula, sino un proceso subjetivo de síntesis que realiza el artista intuitivamente con las generalizaciones que emanan de su mundo real y cobran cuerpo y sustancia en su obra. El escritor crea su propia metáfora de escritura y de literatura infantil, la llave para abrirse paso como autor de textos infantiles. "El mundo de la significación, diría Lukacs, puede ser comprendido y abrazado a través de una sola mirada. Se trata solamente de encontrar en él el lugar que conviene a cada individuo": Así nuestra literatura se sitúa en una altura particular en el continuo literario y cuando contemplamos el mundo desde sus miradores la obra deviene per se para el pequeño o joven lector.

El tono puede ser solemne, familiar, festivo, burlesco, patético, humorístico, etc. Veamos algunos ejemplos. Desde las primeras líneas del relato, el escritor escoge la persona gramatical que va a contarlo con determinado tono narrativo que adopta el narrador.

Elena Pesce, en La cola de los ingleses asume un tono anecdótico confidencial y legendario, como si emitiera una sutil sonrisa que promete algo en verdad extraordinario, como a la postre ocurre en un magnífico texto que recae en los bordes del llamado cuento maravilloso:

"Todo sucedió por causa de la cola de los ingleses.

La cola, sí, Su larga cola como de caballo. Fue un hechizo. Tiene que ver con un duende enojado y con una mala acción que ellos habían cometido.

Por causa de su cola, los ingleses invadieron La Tierra de las Colinas Sonrientes. Y sobrevino una guerra.

Es una historia de duendes, de yuyos mágicos y de piratas...

Sucedió hace tiempo. Todo lo que pasó está vivo en la memoria del Antaño". Adherido a la piel del tiempo."

El relato en primera persona, con la carga emocional añadida de aludir directamente al lector, de interpelarlo, se apoya en un tono coloquial humorístico como el que pretende Jaime Alfonso Sandoval (Confidencias de un superhéroe) en la mayoría de sus obras.

"Antes de empezar quisiera presentarme, soy Paco Godínez, también conocido como Capitán Matraca y fui un famoso superhéroe. Seguramente me han visto por ahí, aparecía en una historieta al final de un diario deportivo, tuve mi propia marca de cereales, y hasta salieron gorras con mi firma. Ya me recordaron, ¿no es así? ¿No?

A veces el tono es reflexivo, como un hilar de pensamientos en anuncio de algo extraordinario. Esto en El libro maravilloso de Roberto Olivera Unda:

Apareció de repente. Ahora estoy seguro.

En el momento en que mis ojos tropezaron por primera vez con ese verde tan especialmente verde de las pastas me extraño sobremanera encontrarlo sobre el altero de libros de mi escritorio. ¡Ah! Porque ese objeto del cual hablo, era, desde luego, un libro.

Vivo rodeado de libros. Mi mundo son los libros. La mayor parte de mi vida son los libros."

Un tono muy familiar, ilustrativo y coloquial es el que emplea Norma Muñoz Ledo en Matemágicas:

Esa mañana, Fito escuchó la fuerte chicharra del despertador de sus papás y, después lo de siempre: su mamá se desplazaba por toda la casa en carreritas cortas, salía del baño y se metía en su recámara, de donde salía corriendo otra vez al baño y de ahí a la cocina. En una carrera se acomodaba las medias, en otra se ponía los aretes; en otra se quitaba los tubos y en otra más se lavaba los dientes. En eso, Fito salió de su cuarto todo despeinado y en pijama y se topó con ella en el pasillo.

—¡Fito! —grito nerviosa— ¿Por qué no te has vestido? ¡Se me hace tarde!

Eloy Pineda va sobre lo coloquial infantil con adjetivos que colorean el cuento en Una ballena y además azul:

Estiré la mano para tocarla, lustrosa y azulísima. Enorme. Pero muy amable y juguetona. Ella se hundió en el agua y mientras yo miraba a todos lados para saber a donde se había ido, una poderosa fuerza me levantó en vilo y de pronto me vi elevado a las alturas en un cálido chorro de agua.

—Oye, yo ya te conocía —le grité mientras bajaba hacia su lomo. Te vi en un libro.

—Pues ya lo ves —me sonrió con los mil dientes que tienen las ballenas, y que les sirven para filtrar las toneladas de alimento que necesitan comer a diario; si no, serían pequeñitas y escuálidas—. Ahora soy real.

En La Parábola del Espantapájaros, el tono que asume José Revueltas, enuncia un ensayo poético de esta forma:

Pocas veces nuestro corazón es alto y generoso, pocas veces deja de estar oscuro y empañado. Pero cuando se encuentra en calma, azul como los cielos de estío, perfumado como los bosques en primavera, cuando parece de agua y se quiebra en frescos vidrios, cantando, entonces vienen los pájaros todos de la tierra y se detienen ahí, cubriéndolo por entero.

El tono principal no excluye, sino por el contrario, implica la existencia de diferentes tonalidades literarias. Estas reflejan la riqueza de los escorzos emocionales al iluminar otros aspectos de la obra. Todo esto me recuerda a

Midleton Murry y sus seis conferencias sobre el estilo. Veamos una de sus conclusiones: "Estilo es una cualidad de lenguaje que comunica con precisión emociones o pensamiento, o un sistema de emociones o pensamientos, peculiares del autor... El estilo es perfecto cuando la comunicación del pensamiento o la emoción se alcanza exactamente; sin embargo, la posición del estilo en la escala de la grandeza absoluta dependerá de la universalidad de las emociones y pensamientos a que se refiera perceptiblemente".

Se supone que en la literatura infantil la manera de construir los personajes tendría que ser muy económica, así como a veces se supone que la literatura infantil es muy lineal y por lo tanto no requiere de mayores complicaciones. Eso se supone por ingenuidad o ignorancia; la creación no conoce normas ajenas a la propia obra artística, de manera que para cada caso habrá maneras distintas de crear personajes creíbles ya sea a grandes rasgos, pocas palabras, y/o a través de lo que dicen y lo que hacen ellos mismos, o dicen de ellos otros personajes... La simplificación que a veces se busca en el cuento infantil no tendría que dar pie a personajes maniqueos, superficiales o planos. Hay que puntualizar que la propia naturaleza del cuento se conforma con menos sustancia de los personajes, ya sea porque la brevedad de la anécdota no exige mayor complejidad al respecto o porque el motivo literario no lo amerita. Esto no es exclusivo de la literatura infantil, se mira también en el cuento en general o inclusive en la novela corta. Recordemos lo dicho por Rulfo. A quienes ven simplicidad en algunos personajes de la literatura infantil, pregunto: En El hijo del elefante, ¿qué se ha de esperar de un elefantito? ¿Que reflexione sobre la vida y la muerte o sobre la fórmula general de la metagalaxia? Pues no lo hace y sin embargo es un personaje redondo, creíble, un cuento perfecto. No puede ser más profundo o complejo de lo que es, así como otros cuentitos sin tanto relieve cumplen con toda propiedad su finalidad artística. Habría un principio de congruencia y correlación entre la anécdota y los recursos de estilo para decir lo necesario y en ciertos casos lo más con lo menos. ¿Eso es lineal o de personajes planos? Lo dicho por Murry es para tomarse muchísimo más en cuenta cuando se hace el análisis de un cuento: El estilo es perfecto cuando la comunicación del pensamiento o la emoción se alcanza exactamente. En Manuela, color canela, con la pluma de Elena Dreser, las letras sugieren mucho más de lo que cuentan en tan pocas palabras. En lo personal escribí alrededor de una treintena de cuentos con pequeños protagonistas del mundo de los insectos y no dudo que algunos de ellos sean personajes redondos dentro de lo que es posible que un insecto sea un personaje redondo: Bichito Polifonio, Cipriano Cocolmeca o el ciempiés Huarache Veloz cumplen el papel para el cual fueron creados en su oportunidad. Aplicando aquel principio de congruencia y correlación, no se puede esperar otra cosa mejor de una chinche de campo.

Y así, a veces con economía, y otras veces derrochando palabras, el estilo trasmite los rasgos de los personajes y aparece un Cocorí, un Papelucho, un superhéroe, un grillito o un duendecillo.

Casi de manera marginal habría que decir que los personajes deben tener nombres que se respeten, que se gocen, que sean propios de pequeños o grandes caracteres literarios, nombres que se queden en los labios de los niños y resuenen en sus oídos cuando se despierten en la mañana. La elección de esos nombres es todo un juego en el que hay que estar muy bien sintonizados con lo que escribimos, incluso hay que revestirlos de una dignidad especial: aunque suenen cómicos, siempre deben parecer propios.

Un ejemplo de lo que es posible desarrollar con un personaje en pocas páginas lo encontramos en El libro misterioso donde el protagonista es el narrador, quien va descubriendo un libro en cuyo interior viven de verdad sus personajes y en donde un día él mismo narrador-personaje ha de quedar estampado en sus páginas, sublime metáfora de un hombre de letras. De otra manera se perfilan los personajes en El cuaderno de Pancha, novela de Monique Cepeda: Peter y Pancha, dos pequeños escolares, se definen en la suma de detalles a lo largo de la acción.

La literatura infantil puede presumir de las muchas posibilidades de sus personajes, desde seres imaginarios a personas reales, fenómenos de la naturaleza, objetos y animales. En La Casa de la Madrina, conocemos a Alexandre y Vera, dos niños encantadores; pero también un pavo real. En El caballo y su niño, tenemos precisamente a Shasta, el niño, y a Bri el caballo, como los personajes protagónicos. Todavía más, en El sofá estampado aparece un armadillo enamorado de una gata de Angora; y en El Bolso amarillo, Raquel, la niña escritora, se acompaña hasta de un paraguas como amigo. Tenemos también al trol Mumin, a Pipas Mediaslargas, al pequeño vampiro, a Cocori y a Papelucho.

La disolución del personaje en alguna literatura moderna contrasta con la literatura infantil donde el personaje sigue siendo el centro de interés del relato, por lo que es de la mayor importancia su construcción. Ya vimos que para un relato corto no se requiere profundizar en el carácter y temperamento del personaje, pero esto no significa que hay que descuidarlo, sino, al contrario, hacerlo verosímil, ya sea un animalito, un objeto o un niño, o si es un adulto o un adolescente. Hay una lógica del carácter de los personajes y de la conducta de estos que hay que seguir. Horacio, en el Ars Poética, imparte un consejo fundamental sobre este tópico: Si el personaje es original, debe ser coherente de principio a fin; y si ya ha sido tratado por la literatura precedente, debe mantenerse la coherencia con sus características ya conocidas.

En el intertexto, añadimos, cuando se hacen aparecer personajes de otra literatura, como se ha vuelto frecuente, algunos de los rasgos sobresalientes del personaje resucitado se suelen llevar al extremo o hacerse más relevantes. Eso no ocurría en las obras clásicas a las que hace referencia Quinto Horacio, por el hecho de que la tragedia y la epopeya son géneros mayores, tenidos como graves o elevados, a diferencia de la escritura irreverente y rebelde de nuestra época.

En la novelita César Cascarón, publicada en Castillo, el autor hace una parodia de la obra de Julio Verne César Cascabel, que narra la travesía de la trouppe Cascabel de California a Francia por la inusual vía del estrecho de Bering. La parodia toma la trama y el asunto, que marcan la intención de Cascarón de regresar a su tierra natal luego de haber hecho las delicias del publico americano durante algunos años, con la salvedad de que la trouppe se encuentra en un país americano diferente: México. En César Cascarón se hace un retrato un poquito caricaturesco de la trouppe Cascabel, exagerando uno de los rasgos de carácter del papá original (Marc Soriano lo califica de nacionalista xenófobo), rasgos que al papá Cascarón lo conducen a la locura. Me parece que es un ejemplo logrado de coherencia en la nueva personalidad del papá Cascarón.

Pudiera pensarse que el personaje niño de la edad aproximada del lector es con quien mejor se identifica el destinatario. Una buena suposición con todo el valor de las cuestiones subjetivas. Recuerdo cuando me encontré por primera vez con Joaquin Gutiérrez, quien me saludo muy afectuoso haciendo referencia a mi cuento Torito Pinto. Seis o siete años atrás había sido jurado del Premio Casa de las Américas que me concedió el premio en el género de literatura infantil por el libro Grillito Socoyote en el circo de pulgas y otros cuentos de animales. Más tarde, como aquella referencia me llamara la atención, explicó que recordaba mucho mejor ese cuento porque "lo que ocurre a un niño es más significativo de lo que ocurre a los animalitos". En efecto, los demás cuentos están llenos de personajes "menores". Misma respuesta di yo cuando me preguntaron sobre quién realmente era el personaje principal en Tecuan, La fiesta del tigre, publicada en EDEBE, novela en donde existe un gran revoltijo de personajes relevantes. Pues, bien, esta es una respuesta particular, no general. El lector infantil es capaz de identificarse con un personaje mayor, lo mismo que con el gallo de El bolso amarillo o el osito de cierto cuento. No en balde sigue jugando a los ocho o a los doce años con muñecos de toda clase, lo mismo que con viejos piratas o superhéroes. A los cincuenta años, si es un hombre sincero y no peca de gravedad, se acordará con una sonrisa de tales juegos. El ser humano es siempre el mismo en esencia. "Un personaje literario de valor, escribe Jrapchenko, es siempre un descubrimiento que enriquece la cultura espiritual de la humanidad".

La correlación de los personajes, del lugar y del contenido en el desarrollo del relato es parte estructural de la obra, la arquitectura interna cuya concepción determina el espacio y el tiempo narrativo, es decir si es relato corto o largo, si es cuento o novela, si se divide en capítulos o no, si el asunto da para tanto. Se trata de definir cuál es el propósito de nuestra historia: qué va a ocurrir con Pepito y Juanita, en dónde y a qué horas. Al establecer lo que pretendemos hacer, aparecen mejor los personajes, el conflicto, la resolución. Vemos hasta dónde con tal estructura y tal asunto se les quiere y es posible llevar. Tiempo y espacio para la anécdota o para la aventura, pocas o muchas páginas. Decisiones fundamentales. El tiempo y el espacio narrativo dependen de la amplitud de las ideas e imágenes, de la importancia que tiene y se quiere dar al contenido ó hasta dónde se quiere llevar la anécdota, si en un relámpago o en una carreta.

Tratándose del cuento en general, su propia arquitectura limita el tiempo narrativo, la extensión permitida, de donde el relato camina tal como lo requiere para sus fines ya sea cronológicamente o a saltos. Un relato lineal es lo más común en la literatura en general, y casi obligado en el cuento corto para niños. Sin embargo, no faltan cuentos infantiles con saltos atrás o/y adelante. Se dice que el cuento se construye de dentro hacia fuera, sin desviaciones en las ideas de fondo, sin entretenerse en detalles anodinos.

El argumento permite elaborar un breve esquema del relato, si es posible con su principio, medio y fin, es decir con la estructura clásica de planteamiento, desarrollo, nudo o climax y desenlace.

Tocaría escoger el punto de vista narrativo, la distancia que adopta el narrador para contar una historia. El punto de vista determina el ángulo y la percepción de la historia en desarrollo, y por lo tanto influye en el tono y en un conjunto de características que determinan cómo se cuenta la historia. Tenemos que definir claramente quién habla, a quién se dirige, de qué manera, qué tan lejos o cerca de la acción se sitúa. La voz narrativa ya sea en primera, segunda o tercera persona se caracteriza por adquirir el tono o los tonos que determinan la manera como se abordan los temas y el lenguaje se reviste de singularidades del narrador. El punto de vista es un término que no hace referencia a la persona que cuenta la historia, sino a través de qué ojos y de que corazón se cuenta, esto es: del protagonista, la historia que pasa a través de su ser, sus sentidos, sus emociones, sus sentimientos. Se trata de acercar al lector a la experiencia del personaje principal. Sin embargo, no se puede pasar por alto que los demás personajes tienen su punto de vista más o menos limitado sobre los hechos y los otros personajes y que el propio relato supone una selección de estos puntos de vista.

Si bien La casa de la madrina es un relato en tercera persona, refleja fielmente lo que Alexandre piensa y siente; en cambio en El bolso amarilllo, de la misma autora, Lygia Bojunga, el relato en primera persona hace más evidente el punto de vista.

Raras veces en la literatura infantil el narrador cambia el punto de vista, pero es posible hacerlo por ejemplo en la novela por capítulos cuando, digamos, el protagonista principal se encuentra en otra parte y se trata de otros personajes. En la última frontera, el autor utiliza con el mismo personaje tres puntos de vista distintos en los tres primeros capítulos para continuar en tercera persona la casi totalidad de los siguientes capítulos. Se puede hablar de puntos de vista internos y externos. Así, tras situar geográficamente la obra en el primer capítulo, el narrador presenta la aparición de uno de los principales protagonistas desde una perspectiva externa:

Sobre uno de los podridos pontones del antiguo muelle, un muchacho de doce años de edad, con las piernas desnudas en el agua, observa con especial interés los detalles de la embarcación, mientras atrás, alejándose de la acogedora sombra de los cocoteros, las alegres voces de sus compañeros le llaman.

—¡Eh, Capitán!

Sin embargo, Capitán permanecía absorto en las vívidas imágenes que le despertaba el viejo casco lleno de algas y ostras del pesquero.

En el segundo capitulo el narrador se dirige al propio chico, Capitán, con estas palabras:

Un barco fantasma, por donde quiera que se le examine, no es un barco como todos. Apenas has puesto los pies sobre la cubierta y te das cuenta de ello. Primero sientes la humedad babosa en las plantas de los pies descalzos y luego un frío extraño que te recorre todo el cuerpo, no sabes si de la cabeza a los pies o de los pies a la cabeza, porque no sólo por la cubierta te impregnas de esa cosa repugnante que poseen los barcos abandonados, sino hasta por el aire que respiras te llega el tufo de la madera podrida y de los peces muertos. En balde te pones los zapatos que llevabas colgados de las agujetas al cuello. Cada rincón que examinas guarda un profundo secreto que quisieras descubrir pese a los sobresaltos y los temores de algo sobrenatural.

Y continúa en el tercer capítulo en la primera persona cuando Capitán, toma la palabra:

Los fantasmas yo sé bien que no existen. Claro que al principio no sabía qué pensar y me asusté un poco cuando descubrí una silueta extravagante asomando en la escotilla. Nadie dijo que era mi imaginación como otras veces, pues bien que supo dicho personaje materializar su presencia cerrando el escotillón de la bodega. Por supuesto, no faltó el simplón que dijera que el viento había deslizado la puerta con su fuerza. Sobre la cubierta resonaban pasos con toda claridad y hubo un momento en el que creímos escuchar voces, y, que se sepa, el viento puede hacer muchas travesuras, volar papeles, azotar puertas, imitar aullidos aterradores, pero no hablar ni caminar. Esto o es cosa de personas o de fantasmas de personas.

Era difícil continuar toda la historia de la misma forma, cada tres capítulos una voz diferente, fue imposible sostener el intento cuanto que la historia comenzaba a precipitarse con rapidez. No hubiera estado mal rectificar y cambiar todo a la tercera persona, pero el autor sintió que podía perder algo del pathos original al hacerlo y optó por dejarlo. Decisiones que son un riesgo a correr y que pueden resultar como error o acierto del autor.

El lenguaje es el instrumento comunicativo del escritor para obligar al lector a sentir la particularidad de su emoción. El pathos que, quiérase o no, se encuentra en toda obra artística, cuanto que el estilo precisamente visto como referente emocional tiene como primer propósito despertar en el lector la misma emoción presente en el relato. Para Middleton Murry este es el problema central del estilo, tal como se presenta al escritor y agrega: "el escritor no nos está haciendo pensar, sino obligándonos a sentir de determinada manera". El pathos, la íntima emoción del creador, se asocia estrechamente a la entonación de la obra, al tono dominante del estilo.

La lengua poética, como elemento básico de la obra literaria y como fenómeno del estilo, es una de las características relevantes de nuestra literatura pues crea el sistema de entonación de la obra literaria. No se rebaja el nivel o la profundidad del lenguaje como se creería. Se utilizan las mismas palabras que en toda literatura y prácticamente los mismos procedimientos y recursos. La diferencia sutil es que se tratan de manera particular, en ocasiones tomando al niño como el prisma a través del cual el escritor enfoca cuanto lo rodea y otras veces desde una óptica singular, siempre creativa. Toda obra se arquitectura a la medida de las intenciones artísticas del narrador y en ello radica la maestría del autor para hacer que las frases fluyan en sintonía con su idea narrativa.

La composición tiene como núcleo central el tema al cual se subordinan las palabras y oraciones para que expresen con exactitud y armonía lo que se quiere contar, en el tono preciso de voz. El tono general se sostiene en buena parte del relato con ciertas variaciones de intensidad para evitar la monotonía y con la cadencia necesaria que debemos hallar para que lo que contamos se contamine de nuestra voz. Una manera de verificar el tono es leer el relato en voz alta, con toda la connotación musical que le es inherente. Este ejercicio, además, nos permite hacer algunas correcciones, de todo aquello que no suene bien, que se pronuncie con dificultad o que rompa el ritmo y cadencia de la frase o que de plano dificulte tomar aire. El ritmo no debe confundirse con el tono. El ritmo es la fórmula que utilizamos para acelerar o ralentizar lo narrado; es la agilidad o lentitud con la que contamos esas mismas frases.

En nuestros días, algunos escritores, siguiendo ciertas tendencias literarias, utilizan un lenguaje empobrecido, callejero, chabacano, con la idea de identificarse con un hipotético lector, pero a mi entender el niño merece un lenguaje digno y elevado. Barthes señalaba que no hay nada más artificial, que una escritura "realista" que, cargada de los signos de su fabricación, resulta tan burda que nunca puede convencer.

Veamos un ejemplo de una escritura pulcra y sobria con una clara intención poética. Un fragmento de El Libro misterioso, de don Roberto Olivera:

"Probablemente el lector, de encontrarse en mi lugar, se hubiera lanzado a revisarlo de inmediato para salir de dudas. Pero yo, además de vivir en el mundo de los libros, tengo la costumbre de pensar mucho las cosas. Ahora bien, lo que estoy contando sucedió en segundos. A veces en un instante los pensamientos son muchos y nos pareciera que ese momento se ha alargado demasiado. De todos modos, examinaba fríamente la situación y tardé un poco más en tomar la decisión de acercarme al libro.

Cuando lo hice pude observar un cambio notable en la brillantez de su color y hasta en el color mismo: aquel maravilloso verde como de las esmeraldas para dar lugar a ese azul casi negro de las aguas profundas. Dije "aguas profundas", sí, porque se trataba en verdad de aguas de alta mar moviéndose en constante oleaje, como si en el espacio de la cubierta de un libro pudiera caber un océano".

La literatura para niños, está llena de recomendaciones de todo mundo y de toda clase. No podían faltar en el uso del lenguaje. Nadie se dirige a otra clase de escritores para decirles qué escribir, y cómo escribir, pero en la literatura para niños, hay muchos entrometidos que pretenden dirigir la pluma del escritor, decirle inclusive qué palabras usar y cuáles no, un vocabulario básico, qué historias contar, cómo construir sus frases y cuántas palabras debe llevar un cuento. Ninguna recomendación de ese tipo debe tomarse en cuenta. El lenguaje literario y la obra artística nada tienen que ver con ellas.

Hay, de hace mucho tiempo, por ejemplo, una especie de ley no escrita, que retoma la crítica superficial de la literatura, para que en el cuento para niños no se use de diminutivos. O sea palabras como conejito, osito, pollito, niñito...

¿Por qué? Pues porque eso es noño, sonso, tontito. Se trata a los niños como noños, se dice, y eso está muy mal, claro. Y sí, en cierto sentido se han escrito muchos cuentos ñoños de esa manera ¡y publicado!... Pero si examinamos esos cuentos ñoños y cambiamos el diminutivo por otra palabra, digamos conejo, oso, pollo, niño... esos cuentos ñoños deberían hacerse profundamente inteligentes, lo cual no pasa, siguen siendo ñoños. Ergo, no son los diminutivos los que hicieron el cuento ñoño, ¿por qué entonces esa casi ley de la crítica en contra del uso de los diminutivos en el cuento infantil?

Yo uso el diminutivo cuando quiero, cuando lo necesita mi obra. El diminutivo lo llevamos los mexicanos en la sangre, es herencia nahuatl. Axayacatzin, Tonatzin, Cuauhtemotzin, Moctezumatzin son diminutivos y reverenciales, lo mismo significan Don Axayacatl, que Axayacatito, Don Cuahtémoc que Cuahtemotito. Tonantzin, es Madrecita, nombre que se aplicó a la Vírgen María: Guadalupe Tonantzin. Pero digan qué palabra es más hermosa y propia que El

Pequeño Príncipe de Saint Exupery: pues El Principito. Ni en el original francés, Le petit prince, ni en otros idiomas suena tan bonito como en español, gracias al diminutivo. El tacto y el buen gusto nos dirán cuán apropiado son estas u otras palabras en su oportunidad.

Existe la idea, muy fundamentada, de que lo lúdico debe impregnar todo lo que se relaciona con la vida espiritual del niño, como lo es el arte dedicado a ellos. En efecto, el juego tiene una relación íntima con nuestra literatura. El juego suele ser una de las formas que adopta el texto para sorprender al lector, desde el tono con el que comienza el relato y la trama que se sigue. Se juega con el lenguaje o cuando se parte de un absurdo, una exageración, una fantasía, cuando el humor subvierte el ánimo; se juega inclusive con el ritmo y las historias cíclicas, con el misterio, con las cajas chinas y de sorpresas, el metalenguaje y el intertexto... Los recursos posibles son infinitos. De hecho, el texto infantil reúne las mismas características que los teóricos del juego, como Johan Huizinga, sostienen tiene el juego.

Uno de los recursos que nunca deben faltar en el uso del lenguaje, es el humor. El sentido del humor se encuentra a flor de piel en el pequeño y joven lector, es su forma de percibir la realidad, de apreciar lo ridículo o incongruente, lo contradictorio, lo cómico y lo absurdo. Aún lo absurdo en una historia, lo pantagruelesco, lo fantástico, se sustenta en lo verosímil, lo cual responde a las leyes internas del cuento en particular. Cada relato, cada obra literaria, es una pieza completa, redonda, con sus propias leyes internas, emanadas del método creador personal del autor para esa pieza en particular únicamente, ya que se corresponden al tratamiento particular de dicha obra y no se pueden aplicar a ninguna otra. Estas leyes se construyen en base a diversas correlaciones internas que se establecen en el proceso de escritura, crean relaciones internas de causa y efecto entre los distintos componentes del relato. El relato, pues, tiene una estructura propia.

Alguna vez expresé en una entrevista que "Escribir una obra para niños es crear un juego de intuición y fantasía, en donde tú haces todas las jugadas de acuerdo a tus propias reglas, pero no puedes olvidarte de ninguna de las piezas, ni de la posición que guardan entre sí en el tiempo y el espacio, ni mucho menos de la dinámica que imponen esas reglas que creaste, no muy consciente de su rigor."

Toda obra artística es algo completo y lógico que responde a un principio de coherencia y consecuencia. Así por ejemplo. si el texto es un acabado perfecto, nada debe sobrar en él. Digamos si un personaje, o un episodio, se pudiera eliminar sin producir modificaciones al relato, es prueba de que estaba de más.

En cuanto a coherencia, el escritor debería ser consecuente consigo mismo, con su forma de pensar y de ver el mundo, para ser auténtico mientras escribe. Luego, debe asumir las consecuencias de lo que escribe, del tono que adopta, del carácter de los personajes, responsabilizarse de las acciones que narra, respetar el planteamiento, seguir el principio de la consecuencia que, para mi, enunció cierta vez Henri Miller, el autor de Trópico de Cáncer y toda esa literatura que escandalizó a los Estados Unidos en su tiempo.

Estando en un concierto, empezó la música de Ravel, con ese tamborileo famoso del Bolero. Cuenta Miller que de inmediato todo mundo se puso en el filo de las butacas y él, que andaba muy sensible, pensó que se volverían locos, cayéndose de los palcos y lanzando sombreros al aire. Pero, dice, eso no es propio de Ravel. Y como si se acordara en plenas acrobacias, que llevara puesto un chaqué, de pronto todo se apaciguó. "Se contuvo, cito a Miller. Gran error, en mi humilde opinión. El arte consiste en llegar hasta las últimas consecuencias. Si comienzas con tambores tienes que terminar con dinamita, o TNT. "

En El almogávar, situado en la edad media, hay algo sin pensarlo de Miller: la historia inicia con experimentos con chispas eléctricas y se resuelve con los rayos de una tormenta eléctrica.

Tal vez Miller era injusto con Ravel pero enuncia un principio de suma importancia: El artista, el escritor debe ser consecuente con sus propios planteamientos. Si empieza con tambores, debe terminar con cañonazos. Si, como en Los de abajo, de Azuela, echamos una piedra en una ladera, esta rodará y rodará hasta el fondo si no hay nada que la detenga. Si nuestro personaje es tímido, no podría realizar un acto de valor sin antes crecer interiormente. Si es un gran matón sin escrúpulos, como el Mayordomo de Artemis Fowl, no puede tener un rapto de ternura nada más así con su peor enemigo, tal como ocurre en el primer libro de la saga.

3. Lo accesorio.

En principio lo que hay atrás de cada obra literaria es el vuelo de la imaginación en espacios de libertad.

El arte, la literatura, el juego, sí el juego, son espacios de libertad, donde el espíritu humano vuela donde quiere.

A partir de este concepto trataremos de revisar cómo se compone una historia para niños, ya sea un cuento o una novela corta o una novela, ya que el oficio del escritor requiere el libre vuelo de la imaginación, sin ataduras extraliterarias de ninguna clase. Las siguientes observaciones pretenden aclarar algunas ideas que solemos tener oscuras cuando enfrentamos una hoja en blanco. No es un manual o una fórmula para escribir para niños, se trata de notas sueltas que he tratado de ordenar para revisar paso a paso el proceso de la escritura. Alguna de ellas pudiera aplicarse o no a la metáfora de escritura del lector que ha llegado hasta aquí, a su método artístico. Partimos de manera esquemática de ciertas generalidades y de la concepción de la idea hasta llegar a la revisión final del texto.

La literatura para niños y jóvenes se ajusta a las mismas leyes de la literatura en general.

Lo que varía son cuestiones particulares, como el tono, la manera como se abordan los temas, la intensidad del conflicto, el punto de vista, la construcción de los personajes, las técnicas de aproximación literaria al joven lector, y otras características que la hacen particular como obra literaria.

Es importante señalar que un relato se hace necesario sólo cuando nos va a contar algo que vamos conociendo en el camino, en la lectura, nuevo a partir de los elementos iniciales; si no hay esa sorpresa, si todo resulta obvio, entonces no hace falta contarlo. El proceso narrativo debe conducir a un descubrimiento.

Empecemos antes que nada con enumerar de manera sucinta algunas características de la literatura para niños.

1º Un texto se distingue por una buena idea central. Un ejemplo, en Fantasmas escolares, dos pequeños fantasmas se materializan en una escuela y pasan como nuevos alumnos. La idea es buena como inicio. Luego pasa cualquier cosa, algo trillado y el cuento se cae del todo, pero como idea inicial prometía mucho más. La literatura infantil es tan generosa que nos brinda la posibilidad de las más sencillas a las más fantásticas ideas: el melocotón gigante, la fábrica de chocolates del señor Wonka, el Restaurante de Pierre Quintonil... La idea surge de las motivaciones propias de nosotros. De nuestro deseo, objetivos, motivos que tenemos para escribir, de las eternas preguntas ¿para qué escribo? ¿Para quién escribo?

2º Personajes atractivos, interesantes. Ya que el personaje es el centro de la historia, no debemos descuidarlo. La literatura infantil nos obsequia muchas posibilidades al respecto, desde seres imaginarios a personas reales, como lo hemos señalado en al anterior apartado. Un recurso, casi una regla, es el personaje infantil o juvenil. La psicología aporta un hecho fundamental: el niño desea crecer y se mira a si mismo en el espejo de los mayores. Sin embargo, un personaje infantil, que se le parezca, suele conmoverlo, moverle el tapete, identificarse plenamente con él. No son cuestiones contradictorias, sino complementarias, ya que personajes interesantes, creíbles, verosímiles, sólidos, bien conformados, producen una fuerte identificación con el lector, así sean armadillos, paraguas o trols.

3º Tratándose de un cuento, es recomendable el predominio de los diálogos y la acción sobre la descripción. La acción a través de diálogos funcionales, que avancen la historia cuanto que el tiempo narrativo se precipita con rapidez en búsqueda del final. En el cuento largo y en la novela, se tiene más tiempo y espacio narrativos y la descripción se hace necesaria, siempre con intención artística, para destacar aquellos aspectos que son relevantes en el texto.

4º Un conflicto real que interese al lector a cuya edad o competencia lectora se dirige el relato. Si el personaje no enfrenta un problema a resolver, no habrá acción dramática. En El bolso amarillo, Raquel sufre las consecuencias de ser la menor de la familia, la de ser niña y la de ser diferente. Sus problemas están presentes, pero comienzan cuando ella escribe cartas a amigos imaginarios.

Hay tres actitudes típicas del protagonista en su enfrentamiento con los problemas o el conflicto:

a) El personaje sabe lo que quiere. Pretende hacer algo: Como el cerdito que quería bailar ballet profesionalmente (Edy Lima). O el pececito que deseaba cantar opera (Ricardo

Mariño). Pedro Cocodrilo y Damián Bicicleta pretenden devolver la cajita de ópalo iridiscente a su dueña.

b) El personaje desea cambiar su situación actual. La pobreza, la soledad, la discriminación, adaptarse a la nueva escuela o vecindario, arreglar algo, o simplemente buscar novedades, romper la rutina, una aventura. Son las circunstancias las que lo obligan al cambio. Alexandre busca la casa de la madrina, para salir del abandono y la pobreza. Raquel no quiere seguir siendo menospreciada por su propia familia. Esteban Malapata quisiera alejar de si la mala suerte.

c) El personaje se enfrenta a su conciencia. Algunos de los cuentos de Beisbol en abril, confrontan al personaje con sus valores morales.

6º Los motivos del protagonista deben ser convincentes.

Es distinto que el niño quiera un perro a toda costa, porque todos tienen uno o porque es muy bonito, a que quiera un perro porque está sólo y desea un amigo. La historia es más fuerte si las motivaciones del personaje nos convencen.

7º Una trama emocionante para culminar en un buen clímax.

Hay que hacer sentir al lector emociones. Llevarlo a sonreír, a preocuparse, a morderse las uñas, a interesarse plenamente en la vida del protagonista. Lo haremos a través del conflicto o las oposiciones y problemas que encuentra el personaje para salir avante.

En Brim de brum, Tornillo flojo, Silvio Solentim, un niño huérfano, trabajó mucho para armar un robot, que, apenas la máquina cobra conciencia de lo maravillosa que es, no puede creer que el niño la haya armado y escapa de él sólo para caer en malas manos y arrastrar al niño a una aventura peligrosa.

La naturaleza del conflicto y las oposiciones pueden ser también de tres clases:

a) Conflicto con la naturaleza, con el medio ambiente. Puede ser una tormenta, los peligros de la selva, del desierto; perdidos en una montaña... Los cuentos de Horacio Quiroga son un buen ejemplo.

b) Conflicto consigo mismo. El dilema moral, sobre lo que se quiere y lo que habría que hacer.

c) Conflicto con un antagonista, con otro personaje. En Matilda, los personajes antagónicos son los padres y la directora de la escuela. En otro caso, el antagonista puede ser un amigo que no comparte puntos de vista y en situaciones difíciles esto complica las cosas, como pudiera ser si se pierden en la selva. En una competencia, el rival pudiera ser el antagonista principal

8º Un argumento interesante, creíble. Podríamos citar docenas de buenas historias y veríamos que lo creíble e interesante está en la manera de abordar el tema.

9º El relato debe cumplir con la estructura propia del cuento, de la noveleta o de la novela, es decir: el planteamiento, el desarrollo, el nudo o clímax y el desenlace.

10º Un estilo propio. Lo que hace único el estilo de un autor es la autenticidad. No se trata que escribamos como James Berrie o como Tove Jansson, sino como nosotros mismos. No se trata de que seamos capaces de hermosas florituras con el lenguaje, sino de escribir con viveza, con fuerza, con algo de color, con toques que agreguen vida a las palabras.

Aprendamos de los grandes maestros de la literatura universal. Ellos lograron crear personajes atractivos y un estilo vivo.

El escritor para niños y jóvenes se forma leyendo literatura para niños y jóvenes, toneladas de libros del género. Doy por sentado que conocen a los principales autores y sus obras. Félix Salten, Frank Baum, James Berry, Nikolai Nosov, Yuri Olesha, Michel Ende, Astrid Lindgren, Rudyard Kipling, Tove Jansson, etc., y a algunos contemporáneos, que podemos darnos el lujo de leer poco a poco y no conocer a todos. Los libros son los mejores maestros del escritor. A algunas de sus enseñanzas dedico algunos párrafos en la quinta parte de estos apuntes.

11º No se puede escribir para niños y jóvenes sin tener sentido del humor.

Esto, pues en cuanto algunas características generales de la literatura que escribimos para los niños. Pasaremos ahora al proceso creativo.

Una obra literaria se distingue de otros textos escritos por la intención manifiesta del autor de construir una nueva realidad con un lenguaje expresivo, artístico, distinto al lenguaje común.

Pese a las obvias diferencias entre el cuento y la novela, los conceptos generales se aplican para ambos casos.

La diferencia entre un cuento y una novela corta o noveleta, o una novela larga, comienza con la extensión. Un cuento se resuelve en pocas cuartillas. En una, inclusive, o en diez o veinte. Tampoco hay limitaciones o reglas rigurosas.

El cuento recrea una situación, una anécdota, un asunto con pocos personajes, cuenta una historia cerrada, una pequeña aventura. El cuento tiende a buscar un efecto inmediato, pretende arrancarnos una sonrisa, o sorprendernos, emocionarnos, asustarnos incluso. En la novela, la extensión no sólo es mucho mayor, sino que admite muchos episodios secundarios. El cuento sólo uno.

Lo anterior es para tomarse muy en cuenta, sin embargo, no son leyes o reglas inviolables. En los cuentos clásicos, por ejemplo, encontramos en ocasiones una estructura episódica y no faltan autores que traten algún cuento infantil en pequeños capítulos. La balada del niño reprobado y Niñus terribilis son una muestra de ello.

El caso es que toda creación literaria comienza siempre como una idea. No importa el método de trabajo que se siga, el comienzo es la idea y entre esa idea, hay la motivación, el impulso interno para empezar a escribir.

Realmente se puede escribir un cuento o preparar una novela sin seguir aparentemente un método preciso, pero eso se logra una vez que se ha andado por el camino y descubierto los senderos que personalmente nos conducen a la creación, de suerte que se está siguiendo un método sin tener plena conciencia de ello. De todas formas mal que bien se sigue un método. Llamo método de trabajo en esta oportunidad a los pasos concretos que estamos dibujando en este apartado y al modo en que el autor acostumbra seguirlos en el proceso creativo. Tiene relación en parte, cuando se trabajan las generalizaciones artísticas, con lo que se llama método artístico al cual ya me he referido. En el precioso libro de entrevistas a grandes escritores El oficio de escritor de la Partisan Review, publicado por Era, es posible distinguir, si se quiere ver, el método de trabajo de algunos de tales escritores, desde que empiezan con lo material, por afilar el lápiz o escoger el papel, y arrancan a trabajar y cristalizan sus ideas. Quien diga que no hay fórmulas para escribir, tiene razón; quien diga que no hay método en la literatura, no tiene idea de lo que habla.

La idea no es una cosa vaga, imprecisa, nebulosa, inexplicable, sino algo claro y específico. Requiere su propio trabajo de búsquedas y encuentros. Algunos escritores comienzan a escribir hasta que tienen clara la idea lo cual se transparenta desde el primer párrafo.

Por nuestro lado, podemos tener muchas ideas y no saber por dónde comenzar. La idea pura no es suficiente. Necesitamos mayores definiciones. Lo que determina que una idea se transforme en una historia son varios elementos: el tema, la premisa y el argumento.

El tema responde a la pregunta: ¿Sobre qué trata mi historia, sobre quién? El tema se va a referir tanto a lo que ocurre como a quien le ocurre.

Un ejemplo tomado de una obra literaria muy conocida: la idea es escribir algo terrorífico sobre las brujas. Este es el tema y el protagonista de la historia es un niño.

Ahora bien, ¿qué sabemos de las brujas? ¿qué sabemos del tema que hemos escogido?

Diego Rivera cuando pintaba una flor, se iba al mercado de flores a tomar toda clase de apuntes, no sólo sobre colores, texturas, formas y elementos plásticos, sino inclusive sobre el cultivo, los floristas, y todo lo concerniente al tema.

Alguna vez me preguntaron en una entrevista si había temas prohibidos en la literatura infantil. Y tuve que responder que sí: el escritor para niños, no puede escribir sobre lo que no sabe o aquello que no le interesa investigar. Ahora añadiría que no se puede escribir de aquello que no le causa un sentimiento auténtico, vívidas emociones, que le es poco menos que indiferente.

Para continuar con la idea: ¿qué pretendemos? ¿qué propósito perseguimos? ¿Cuál es nuestra premisa? No se trata de confesar que se quiere escribir algo divertido, algo terrorífico, algo interesante, una aventura, etc. Eso ya quedó atrás. No, no, la pregunta es específica en cuanto el tema, no en cuanto a nosotros.

Digamos, por ejemplo: Pretendemos develar el cruel odio que tienen las brujas hacia los niños. Queremos demostrar cómo es posible que un niño se enfrente con éxito a una fuerza superior, etc. De la respuesta que damos a estas interrogantes, sacamos la premisa de nuestra historia.

La premisa es el supuesto por el que partimos, y deseamos demostrar al final del relato.

Aquí, en Las brujas, de Roald Dahl, la premisa pudiera ser, se me ocurre: "Las brujas de verdad pueden ser vencidas por un niño".

En El Teatro Miniatura del Flautista Barrigón, la premisa sería: "Un chico talentoso salvará a la familia real disfrazándola de actores".

En Romeo y Julieta, la premisa pudiera ser "Un gran amor supera aún a la muerte" o algo como "El amor entre descendientes de familias enemigas supera a la muerte"

En la Odisea: "El retorno del héroe a su hogar tras muchos años de ausencia".

Pero a lo mejor no tenemos clara la premisa. Entonces se puede comenzar de otra manera: desarrollando una situación hasta lograr formular el propósito, lo que queremos de nuestra historia.

El caso es que el propósito de nuestra historia, lo que pretendemos en ella, es lo que va a definir a los personajes, el conflicto y la resolución.

Todavía nos falta algo para tener una idea acabada, completa: las líneas a seguir, el argumento. Desde Aristóteles en adelante la fábula, a la que llamaremos argumento, se considera como una síntesis del desarrollo de la acción hasta sus líneas más esquemáticas y abstractas.

Un argumento llevado a su grado más esquemático puede confundirse con los motivos y el tema:

La identificación de un personaje mediante un zapato que se adapta al pie.

El príncipe que intercambia su papel con un mendigo.

El cumplimiento de una promesa que lleva a una situación fatal.

Veamos en el caso de Las brujas, cómo resumimos la historia:

Un niño que está advertido por su abuela de lo terribles que son las brujas con los menores de edad, sobre todo las brujas de Inglaterra hace un viaje precisamente a ese país y en el hotel donde se alojan tiene lugar una convención de brujas. El niño descubre la conspiración y es convertido en ratón, pese a lo cual logra vencerlas.

La idea con tales elementos ya está definida, pero la podemos seguir trabajando.

Primero, antes que nada: ¿es buena nuestra idea, es diferente, no hay nada trillado en ella? Historias de brujas hay muchas, brujas tontas, chistosas, ridículas, magnánimas, dulces, horrorosas, terribles... Tengamos en cuenta un hecho fundamental: cualquier idea que se nos ocurra de pronto, en principio, ya la han tenido otras personas probablemente de manera idéntica. Así que para hacer algo verdaderamente original, debemos llevar la primera idea un escalón más arriba, pulirla, enfocarla desde nuestra óptica muy personal. La originalidad la tenemos dentro, ya que somos seres únicos. La idea hay que enfocarla desde una nueva y distinta perspectiva. Desde un punto de vista interesante. En estas definiciones cuando se resuelve qué se quiere escribir y cómo hacerlo, el escritor se muestra cuán creativo es.

Una buena idea es atractiva para todos. En ella, en el tema, en lo que pretendemos contar, en el boceto de argumento, ya aparecen los personajes. Los protagonistas y los antagonistas, el héroe y el villano.

Ya tenemos, pues, nuestra idea completa. A partir de ella vamos a esbozar una historia para lo cual hay que volver a la clásica estructura narrativa: Planteamiento, desarrollo, clímax y desenlace.

Cualquier pedazo de vida que historiemos, está conformado por una sucesión de pequeños acontecimientos entrelazados o concatenados que van armando paulatinamente una historia hasta desencadenar un desenlace.

¿Cuál es la función del planteamiento?

Se dice que la de proporcionar información sobre de qué trata la historia, dónde ocurre, cual es su género, su estilo, el tono, la forma narrativa que elegimos, y que además debe presentar a los personajes principales, a los protagonistas y, si los hubiera, a los antagonistas. De hecho un buen planteamiento es la base de una buena historia. Bien, pero la verdadera función del planteamiento es preparar, acomodar las piezas para entrar de lleno a contar la historia y a lo mejor en esta parte no cabe todo lo recomendado anteriormente.

No pasemos por alto que el propio inicio tiene antecedentes que conviene establecer antes de seguirnos de largo. En la novela clásica se contaba la biografía completa del personaje desde su nacimiento hasta el momento en que realmente comenzaba la historia. Eso queda para otras narrativas. Nosotros podemos comenzar desde un momento interesante. Por ejemplo, en esa historia del melocotón gigante que han de conocer, el autor explica en pocas líneas como James era feliz cuando tenía a sus padres. Un día a estos, en un santiamén, los devora un rinoceronte, y queda huérfano al cuidado de sus horribles tías. Tras esta explicación todo queda listo para seguir propiamente con la historia que desea contar, las desventuras de James y el modo fantástico como escapa de las tías. El planteamiento nos puede llevar unas líneas en el cuento corto o un pequeño capítulo o varios en una novela, dependiendo de la propia idea y de la profundidad o extensión de la historia.

En ese inicio, algo sucede y la trama se pone en marcha. Una acción o unas líneas de diálogo desencadenan la historia. O bien, se puede construir poco a poco una situación, incorporando diálogo y acción, hasta que la historia arranque.

En el primer caso, un ejemplo es esa historia de James y el melocotón gigante, cuando casi de inmediato ocurrió, dice el autor, una cosa bastante rara que hizo que sucediera una segunda cosa muy rara que a su vez hizo que ocurriera una cosa que de verdad era fantástica.

En el segundo caso, tenemos Danny, campeón del mundo. Pasan tres pequeños capítulos antes de que Danny descubra que su padre no es perfecto y que tiene un gran secreto que lo hace escaparse algunas noches de casa.

Skriwi en la calle tiene un capítulo introductorio donde se explica el origen del muñeco, su naturaleza y las circunstancias por las que llega a la Tierra. En el segundo capítulo, al momento en que aparece en una calle de la ciudad, se inician las tribulaciones del pequeño.

La historia, entonces, comienza de verdad.

Lo hace en el momento en que el protagonista se enfrenta a algo en particular, a un problema que se le presenta, a una situación en la que ha estado inmerso y requiere salir de ella o explicársela, a un conflicto que empieza a crear alguna tensión.

En el caso de un cuento el conflicto aparece para enunciar el climax; pero en el caso de un relato más largo, el conflicto es gradual y en ambos corresponde a las motivaciones del personaje central.

Lo cierto es que sin conflicto, no hay historia.

Me ha tocado leer veinte cuartillas de texto donde el personaje hace un viaje largísimo, anda por todas partes y no pasa nada, porque el autor no logró definir un conflicto real. Cuando esto sucede el relato pierde interés. Se requieren tropezones, obstáculos a vencer, sobre todo objetivos a lograr, metas difíciles de alcanzar. Los conflictos interiores, dentro de uno, del protagonista, más que metas y obstáculos físicos, son en ocasiones más convincentes si, además, el personaje crece de alguna forma, madura, aprende en esa confrontación.

El conflicto se puede encontrar en el mundo interno del personaje, su propia conciencia; el conflicto se puede derivar del enfrentamiento con otros personajes, o sea con los antagonistas; es común el conflicto con la sociedad representada por instituciones como la escuela, la familia y demás; el conflicto con su entorno, con el medio ambiente. En algunos casos se podría hablar más bien de circunstancias y tropezones del personaje.

El protagonista se mira en circunstancias que lo comprometen a la acción, a la toma de decisiones. Ya sea por propia voluntad o empujado por las circunstancias, ha de decidir qué camino seguir, pues algo vital está en juego Los motivos del protagonista, qué es lo que lo mueve, los objetivos que persigue deben quedar claros en esta etapa.

Algunos ejemplos:

Charlie deseaba ardientemente entrar a la fábrica de chocolates del señor Wonka.

Dígory y Polly, ansían explorar algunos lugares misteriosos.

Kim tiene muy presente la profecía de su padre, del toro rojo en un campo verde.

Shasta desearía conocer qué hay más allá del estrecho mundo donde ha pasado su corta existencia.

Las acciones principales del personaje dependen de una motivación (justificación o causa). Puede existir una serie de motivaciones que de manera coherente establezcan una cadena, que sería la base que sostiene el desarrollo de la historia. No es necesario que el personaje conozca claramente sus motivaciones quien debe conocerlas es el autor.

El caso es que mientras avanza, mientras se mueve y actúa, va a tropezar con el conflicto. El conflicto ocurre como enfrentamiento del protagonista con otro personaje o con ciertas circunstancias. Es necesario tenerlo en mente desde el planteamiento, donde se esboza, se insinúa, se establece y se deja la puerta para que crezca y produzca verdaderos problemas al personaje principal.

Por ejemplo, Remi, Sin Familia, descubre que es un expósito cuyo padre putativo no lo quiere en casa; de hecho no tardará en alquilarlo a un actor.

Kim, decide hacerse el chela, discípulo, del extraño personaje, un lama tibetano, que acaba de llegar a Lahore.

Pedro y Damián deciden buscar en la montaña a la dueña de la cajita de ópalo iridiscente.

En El sobrino del mago: el juego de explorar lugares misteriosos, hace que Polly y Dígory, desemboquen en el cuarto del tío, quien de inmediato los toma de conejillos de indias.

Shasta, el de El caballo y su niño, también de las Crónicas de Narnia, al descubrir que su padre no es su padre y que lo ha vendido como esclavo, decide huir alentado por el caballo que habla.

El doctor Gaspar Arneri, en Los Tres Gordinflones de Yuri Olesha, no tiene ninguna disposición de hacer otra cosa que recoger insectos en el campo, pero las circunstancias lo van a obligar a participar en una gran aventura cuando sale de paseo y tropieza con un motín popular.

En todos los casos enunciados, la historia toma otro giro y comienza su parte medular.

O sea el desarrollo.

El desarrollo es la parte de la historia que tiene más peso.

De aquí en adelante, en esta segunda etapa, tratamos de enfrentar al protagonista con obstáculos, dilemas o circunstancias que ponen en riesgo su misión, su integridad, su persona, haciendo que el conflicto crezca y crezca hasta un momento climático y sea necesario resolverlo de manera definitiva.

Así, pues, en la tercera etapa, la intensidad del conflicto ha crecido tanto en la que le precede, que llega el momento cuando el protagonista debe jugarse el todo por el todo. Este punto es el clímax de nuestra historia. Aquí los obstáculos se multiplican, los peligros son inminentes y la intriga alcanza su punto culminante. No hay más alternativas que resolver el asunto.

El desenlace del conflicto resuelve la historia y la completa, el final está a unos pasos y la curiosidad del lector satisfecha a punto de leer los últimos comentarios del autor. El desenlace desenreda toda la trama, resuelve la problemática planteada de manera lógica y de acuerdo a la propia trama, al enredo creado y a los hechos. Sigue un principio de causa y efecto. Una obra redonda asume todas las consecuencias de su andar. Sería un error adulterar el final para hacerlo más bonito, más sorprendente, o complacer el gusto de los buenos vecinos. El lector se sentirá traicionado. Un ejemplo de literatura que asume sus consecuencias de principio a fin, lo es la obra de Roald Dahl. En Las brujas, luego de que las brujas son derrotadas por el niño transformado en ratón, la historia concluye sin que el niño recupere su condición humana. Para que esto ocurriera habría que romper la lógica del relato con una solución sacada de la manga, tal como sucede en la película, cuando una bruja arrepentida le lleva la poción mágica salvadora.

Esto no va con el método creativo de Roald Dahl.

Un desenlace forzado o indeciso, indicaría un problema que viene de atrás, de alguna desviación o atajo imprudente o un giro inesperado o inseguro del asunto.

La escritora Heidi Garza mantiene desde hace muchos años un blog en Internet muy interesante dedicado a recomendar literatura infantil. Un día nos sorprende con lo que dice sobre un par de libros. Viene al caso transcribir sus comentarios. Aquí va el segundo de ellos:

"he intentado leer "Odisea por el espacio inexistente", de M. B. Brozon, un par de veces, tampoco he llegado al final. Lo reconozco, el conflicto inicial me interesó: Andrés, un chico frustrado por haber reprobado dos materias: matemáticas y música. La intriga crece cuando se relata la presión sufrida por el chico pues su padre es músico, podría haber reprobado cualquier otra materia excepto música.

El realismo se pierde, la odisea se apodera, lo cual no me desagradó en absoluto, sino que la problemática inicial se esfumara. Un par de personajes extraños raptan a Andrés. Ese par y su pandilla, con sus poderes mágicos, habían turbado la mente del niño y por eso había fracasado, no había sido su responsabilidad. Entonces aquella angustia ante las expectativas del padre desaparece. Para ser honesta ese giro me disgustó, en ese momento me pareció un escamoteó de una problemática interesante y en su lugar se hubo puesto una historia agradable de aventuras."

Tengo claro que si conozco desde el principio dónde y cómo acaba mi historia, me es más fácil conducirla hacía el momento climático y al desenlace final. Y es lo que se aconseja: saber con claridad cómo concluye nuestra historia. Sólo así estaremos seguros de que la escritura se mueve en la dirección correcta. No es necesario conocer los detalles concretos, pero sí tener una idea de adónde llegar. En Colegio Chico como idea inicial me propuse llegar a un acontecimiento histórico poco conocido y menos estudiado, la última mascarada celebrada en la Nueva España. A partir de ahí empecé a trabajar los antecedentes, el tema de los desfiles festivos en esa época, desde la perspectiva de los alumnos del Colegio chico de San Ildefonso.

Lait, Jack Lait, recomendaba algo parecido en la técnica del cuento, donde miraba dos caminos a seguir:

1º Tomar de base una premisa y seguirla hasta llegar a una conclusión.

2º Tomar como base una conclusión y encaminar todo el cuento a alcanzarla.

Al final tendremos un relato que nos satisface, que nos hace sentir contentos.

Y sí, seguramente hay muchas cosas valiosas en él. Y eso tendrá que distinguirlo el autor, para no eliminarlas en el proceso de revisión. Antes de que toquemos este punto, conviene detenerse en otros aspectos que son de tener en cuenta.

Toda obra artística se sustenta en la biología humana. El sentido de belleza nos viene del desarrollo de la vida sobre la tierra; nos parece bello aquello que armoniza con nuestros sentidos, con nosotros mismos, por el simple hecho de que estamos constituidos biológicamente como estamos. Esto es más evidente en las artes plásticas y en la arquitectura, un poco menos en la música y mucho menos en la literatura, pero igualmente cierto. Dejémonos conducir por el sentido instintivo del arte.

Toda obra artística es algo completo, redondo y coherente que responde a sus propias leyes internas y se debería presentar al lector como un todo acabado, como una unidad interna y orgánica. Esto se aplica para el asunto, tono, el tratamiento, la trama, el conflicto, la resolución, los personajes, para toda la obra. Hay la necesidad de seguir la lógica de los caracteres, dejarlos ser tal como los creamos. Tal vez escapen de nuestras manos y nos lleven por senderos desconocidos. Si los dejamos, la rebelión de los personajes, se dice, da las mejores páginas. No estoy seguro de ello, pero se cuenta a menudo.

Todo deberá ser coherente en un cuento o novela.

Desde las primeras líneas del relato, el escritor escoge la persona gramatical que va a contarlo y el punto de vista desde cuyo cristal ha de mirarse la historia. También escoge el tono narrativo, la postura emocional que adopta el narrador para que sus frases se encabalguen según el ritmo que encuentre más adecuado.

Las brujas tienen un comienzo a tambor batiente. Dice: "En los cuentos de hadas las brujas llevan siempre unos sombreros negros ridículos y capas negras y van montadas en un palo de escoba.

Pero este no es un cuento de hadas. Este trata de BRUJAS DE VERDAD".

En El sobrino del mago, se asume un tono legendario, un tono que predispone a la leyenda: "Esta es una historia que sucedió hace mucho tiempo, cuando tu abuelo era niño. Es una historia muy importante, porque relata cómo empezaron todas esas idas y venidas entre este mundo y la tierra de Narnia."

Erich Kastner escoge un tono peculiar, justo el que necesita para justificar resignadamente ciertas locuras: "Ocurrió el 35 de mayo. Y por eso no tiene nada de extraño que el tío Ringelhuth le pareciera todo de lo más normal. Si solamente una semana antes se le hubiera presentado lo que hoy le iba a suceder, hubiera pensado, sin duda que a él o al globo terrestre le faltaba algún que otro tornillo. Pero el 35 de mayo tiene uno que estar preparado para cualquier cosa."

La cuestión es sostener el tono durante buena parte del relato con ciertas variaciones de intensidad para evitar la monotonía y con la cadencia necesaria que debemos hallar para que lo que contamos se contamine de nuestra voz. Esto cae en el terreno de la prosodia, con su entonación, duración y pausas.

No confundir el tono con el ritmo.

El tono, decía, es la postura emocional con que el narrador se dirige a su escucha. Es la emoción que acompaña a las palabras, a un cierto estado de ánimo que hace que la voz del narrador se engole, se afine, se vuelva grave o se eleve, se vuelva tipluda, en fin.

El ritmo es la fórmula que utilizamos para acelerar o ralentizar lo narrado; es la agilidad o lentitud con la que contamos esas mismas frases. El ritmo no sólo contribuye a la melodía de la voz, sino que marca la intención poética, frases largas para hablar de los sentimientos, por ejemplo, frases cortar para acelerar la acción. Hay dos formas de imprimir ritmo a la narración. Una es por medio del diálogo y la otra por medio de las formas verbales.

Esto es de La casa de la madrina:

"Con todos cantando, la samba se fue calentando, se fue sacudiendo la pereza, la música empezó a ir más de prisa y, más que andar a correr, a correr cada vez más, y el pavo real se balanceaba y se contoneaba más rápido, de acá para allá, moviéndose y deteniéndose, arrastrando la cola, abriéndola y cerrándola, abriéndola y cerrándola, mostrando los colores de sus plumas, abriéndolas y cerrándolas, abriendolas...

—¡Se acabó! —grito de repente Alexandre."

Habría más elementos que desglosar, pero aquí ya hay bastantes para emprender la revisión final del texto. Si se ha escrito un texto muy largo, se puede empezar a trabajar en él. Si no, conviene dejarlo reposar un tiempo. El alejamiento nos ayudará a ser más objetivos. El tiempo de reposo es optativo, no pienso que sea proporcional al tiempo que trabajamos el relato.

Una revisión final, debe comprender aspectos gramaticales y de estilística. Hay que hacer un concienzudo examen de los signos y la puntuación, hay que llevar la ortografía a nuestro mejor nivel, aún cuando nos digan que a García Márquez se la corrigen, no esperemos eso de nosotros. Y hay que revisar el estilo: la riqueza del lenguaje, que no haya redundancias o consonancias involuntarias, ni abunden los lugares comunes, etc., pero hay otros aspectos, más sutiles a los que hay que prestar atención. La estructura del texto, el tono, la voz narrativa, el asunto, los personajes, el conflicto... Cualquiera de estos elementos tratados de manera incorrecta puede arruinar una buena historia, inclusive con la escritura más correcta o elegante.

Empezaremos con una primera lectura para sintonizarnos en el estilo de la historia. Observemos nuestras reacciones: ¿nos parece interesante el tema, la historia? ¿El protagonista es atractivo... puede el lector interesarse en él? ¿Se comprenden las descripciones, los diálogos, el tono, etc.? Tomamos notas al margen.

Pasamos luego a la estructura. Veamos cómo abordamos el inicio, el planteamiento y cómo aparece el conflicto y cómo gira la historia. Toda la cuestión estructural. ¿Algo quedó fuera de lugar? ¿Algo no está claro? ¿No faltará un detallito al inicio o en la parte media para aclarar lo que ocurre al final, o al contrario el detalle sobra?

La siguiente etapa es pulir el texto, recortar, quitar, cambiar, afinar.

Aquí entramos al problema del estilo. Algunos escritores comienzan imitando el estilo de autores que admiran. No se recomienda, pero no es mal ejercicio, si sólo es un ejercicio. El estilo propio somos nosotros mismos, no necesitamos imitar a nadie. Basta asimilar la técnica narrativa para que el estilo aflore.

Tratar de escribir con claridad, con autoconciencia de lo que se hace. La belleza o profundidad de las palabras, en la prosa, no dependen de las palabras, sino de los pensamientos que con ellas expresamos. Las principales cualidades del estilo para hacer sentir al lector aquello que queremos son su claridad y concisión, su sencillez y naturalidad. Miguel de Cervantes vierte un buen consejo al respecto:

Haced entender vuestros conceptos sin intrincarlos y oscurecerlos. Procurad también que leyendo vuestra historia, el melancólico se mueva a risa, el risueño la acreciente, el simple no se enfade, el discreto se admire de la invención, el grave no la desprecie, ni el prudente deje de alabarla.

Nicolás Gogol, aconsejaba por su cuenta: "ser sublime cuando lo es el asunto, ser brusco y audaz cuando el asunto lo exige, ser calmoso y tranquilo cuando el suceso no se agita".

¿Qué es lo que debemos revisar en el texto?

Es una cuestión demasiado particular para hablar de generalidades. Sin embargo, hay que decir algo al respecto. Cuidemos por ejemplo, el uso de la voz pasiva. Tratemos de prescindir en lo posible de palabras como "cosa", "algo", "esto", "eso", así como de verbos impersonales como estar, ser, encontrarse, haber.

Sustituir verbos fáciles y sin brillo como "hacer", "poner", "decir", "ver".

Conectar correctamente las frases que forman un párrafo y enlazar párrafo tras párrafo de manera armoniosa. Las frases largas no suelen recomendarse mucho, pero no hagamos lo contrario y abusemos en un párrafo de las frases cortas. Sin embargo, si el relato requiere de frases largas o de una letanía de frases cortas, no tener ningún reparo para usarlas.

Cuando repetimos mucho una idea o una palabra, da la impresión de pobreza de vocabulario y de inexperiencia, lo cual no invalida el uso de las repeticiones para un propósito definido. Evitar las cacofonías, las repeticiones, las asonancias y consonancias.

De mi experiencia personal, he comprendido que es mejor abordar la hechura de un cuento o novela, sin cometer errores crasos desde el principio, errores que, una vez terminado el texto, sean difíciles de corregir, pues se alterarían otras partes del relato o se obligaría uno a reescribir buena parte de la historia. Es aconsejable cuidar todo el proceso de escritura, desde la idea misma y sus motivaciones, hasta las últimas correcciones, para que paso a paso los errores más comunes se hagan de lado y el trabajo de corrección al final sea más fácil de abordar. En lo personal leo lo escrito un día anterior para sintonizarme con el tono del relato y aprovecho para hacer algunas correcciones. Mientras escribo sólo corrijo lo obvio, pues voy encarrerado y no me detengo sino hasta concretar lo que tengo en mente, hasta entonces retrocedo y reviso. En otro momento leo todo lo anterior, de principio a fin, lo que permite que conserve en mente las líneas estructurales y las ideas vigentes y encuentre algún error si lo hubiera o encuentre el punto donde puedo introducir el detalle que falta para justificar lo que se me acaba de ocurrir adelante. Al terminar una novelita de cien cuartillas, la habré leído muchas veces de principio a fin mientras escribía.

Toda obra de creación ya sea literaria, artística o hasta tecnológica, surge de manos de su creador de acuerdo a los pasos que conforman la Teoría de la creación o de la invención, por un lado, y por otra parte, se concreta de acuerdo a la técnica propia del arte al que pertenece, en este caso, al literario, concretamente a la técnica narrativa, en la que nos detuvimos atrás.

La Teoría de la invención, según Henri Poincaré, postula distintas etapas en la creación. Esto de manera general y para todas las artes y oficios.

La motivación, que es un proceso consciente, el deseo y la voluntad de hacer algo. Cuando se tiene el impulso de escribir y se prende uno de una idea. La idea, véase El oficio de escritor, llega muchas veces como una imagen sugerente, cargada de simbolismos.

La incubación, un proceso subconsciente, donde, pareciera que no logramos concretar nada, pero que en realidad se está gestando la idea que sembramos, con la intensidad con que la plantamos. Es el momento de la famosa página en blanco que angustia a algunos escritores.

La inspiración, el momento feliz en que llega la iluminación y sabemos qué hacer y cómo hacerlo.

La realización o sea la escritura. Puede ser que fluya con facilidad día tras día.

La revisión. Pasado unos momentos, afinar las piezas, recomponerlas.

La comprensión, por ejemplo, de este proceso, puede ayudar a eliminar la tensión que algunos escritores sufren ante la hoja en blanco.

En general este es el proceso creativo. Conviene añadir algunos comentarios de Henri Poincaré sobre el trabajo inconsciente: "A menudo cuando se trabaja en una cuestión no se hace nada bueno la primera vez que se sienta uno a trabajar; tras esto se toma un reposo más o menos largo y vuelve de nuevo a sentarse a trabajar delante de su mesa. Durante la primera media hora se continúa no encontrando nada, y después, de golpe la idea decisiva se presenta a la mente. Se podría decir que el trabajo conciente ha sido más fructífero puesto que ha sido interrumpido y el reposo ha devuelto al espíritu su fuerza y frescor. Pero es más probable que este reposo haya sido reemplazado por un trabajo inconciente y que el resultado de este trabajo se haya revelado en seguida al creador...

El trabajo inconsciente sólo es fecundo, si es precedido por una parte y seguido por otra, de un periodo de trabajo conciente. Jamás estas inspiraciones repentinas se producen sino al cabo de varios días de esfuerzos voluntarios, que han parecido infructuosos, y donde se ha creído no hacer nada bueno... Estos esfuerzos no han sido tan estériles como se piensa, han puesto en marcha la máquina inconciente; sin ellos no habría marchado ni, por tanto, producido...

La necesidad del segundo periodo de trabajo conciente después de la inspiración se comprende mejor aún. Hace falta poner en orden los resultados de esta inspiración, deducir sus consecuencias inmediatas, ordenarlas, redactar las demostraciones, pero sobretodo verificarlas".

Advierto que Poincaré nos habla de la creación en la esfera matemática y lo hace antes de entrar al siglo XX en su libro Método y ciencia. A pesar de la distancia su formulación del proceso creador es lo más lúcido que se puede encontrar en cualquier bibliografía moderna. En algo que el escritor debe reparar al seguir el proceso, es en la magnitud del trabajo que va a emprender, de donde los lapsos de reposo serán proporcionales al mismo, cortos para el cuento, algo más largos para la novela.

De mucho tiempo atrás yo he seguido en lo personal dos principios fundamentales para mi trabajo creativo. El primero de ellos, ya lo enuncié, es el Principio de la consecuencia. El segundo lo llamo Método de Bertrand Russell. Este gran filósofo y ensayista, solía trabajar en dos escritorios a la vez. Cuando se proponía un trabajo muy teórico, muy profundo, empezaba por allegarse la bibliografía necesaria y estudiar el tema, tomar apuntes. Luego de que consideraba agotado el material, abandonaba el asunto. Sabía que no iba a poder avanzar más. Pues ya había experimentado las páginas en blanco y los papeles hechos bola en la papelera. Entonces pasaba al otro escritorio a trabajar en otro asunto que había dejado pendiente. Y cuando volvía al primer escritorio, el trabajo ya estaba hecho por la mente subconsciente. Tengan en cuenta este método, no tanto para trabajar en varios escritorios, sino para nunca desesperar ante la página en blanco. Significa, si han trabajado previamente en el primer paso de la creación, o sea la motivación, que la mente subconsciente está trabajando. Tampoco la dejen sola mucho tiempo, pues ella seguiría buscando soluciones eternamente si no la paramos.

La escritura de El almogávar, la inicié, al contrario de Colegio Chico, sin tener una idea del final, partiendo de la idea de contar a mi manera la gesta almogávar. En la parte media de la historia, caí en la cuenta de haber cometido un error sobre la naturaleza de la esclavitud y servidumbre en la España de la alta edad media, lo cual me empujaba a distorsionar gratuitamente la realidad histórica. Esto muchos autores se lo permiten. No lo critico, pero mi error era involuntario, no una decisión conciente y es lo que me disgustó. Rápidamente consulté mis fuentes y encontré la información requerida. Había que deshacer algunos capítulos y pensar en cómo abordar el nuevo derrotero. Era como empezar de nuevo, pero a medio camino. Entonces sufrí un atorón. Hice a un lado el escrito y empecé a escribir Los cuatro amigos de siempre. Esta novelita, cuya idea tenía en mente de tiempo atrás, salió de un tirón en poco más de un mes, tras lo cual regresé a la historia pendiente sin ningún contratiempo. El trabajo inconciente estaba hecho.

Mientras uno escribe sobre un tema en el que nos hemos empapado, conviene a veces, ocuparse de otros asuntos similares, que distraigan la atención conciente unos momentos del tema principal. Cuando se cierra un capítulo o se cierra un momento para iniciar otro, o se sufre un pequeño atorón, se puede dedicar una breve pausa (un día, por ejemplo) a escribir poesía, escribir un ensayito, leer una novela, para luego retomar el asunto. Las caminatas, las charlas de café y actividades físicas, la misma vida cotidiana, valen si se logra despejar la cabeza.

4. Fundamentos

Andamos en la segunda decena del siglo XXI, pero cuando leemos o escuchamos algunos comentarios expuestos por aquí y allá sobre la literatura infantil, da a veces la impresión que vivimos a fines de los años 70 o principios de los 80 del siglo pasado, cuando en los países del gran continente latinoamericano escribir para niños no era precisamente un oficio respetable y se trataba de borrar a toda costa lo infantil de la literatura. No es pues extemporáneo publicar estas notas que tenía por ahí escritas, no precisamente en respuesta a aquellos que se avergüenzan de escribir para niños, o, desde el Olimpo, menosprecian nuestro oficio, sino para compartir ideas y preocupaciones con los colegas y compañeros que andan por el mismo camino.

Hoy es posible afirmar sin lugar a dudas, con todo fundamento, que la literatura infantil existe. Durante mucho tiempo se cuestionó si la literatura infantil poseía o no calidad literaria para considerarse verdadera literatura y, sobre todo si habría realmente rasgos específicos que la hicieran diferente a la literatura en general para atreverse a adoptar sus propios apellidos. Y conste que en la literatura dedicada a los niños había obras maestras reconocidas universalmente, como Alicia y Huckleberry Finn, por ejemplo. No fue sino una vez que las teorías literarias abundaron a favor del lector, que se logró, por fin, abandonar el recurrente debate de si podía existir una literatura infantil.

Después de ganar esta batalla, se ha querido establecer qué es lo que habría de llamarse propiamente literatura infantil, sin miedo a los adjetivos porque lo infantil es lo más valioso, bueno y limpio de este mundo.

Como autor de textos para niños, mi preocupación central ha sido escribir de acuerdo a mi propio entender y competencia, pero no he dejado de leer y pensar en cuantas cuestiones sobre la literatura infantil han pasado por mis manos. De todo eso me he visto obligado a reflexionar, de suerte que tengo mis propias respuestas. En el presente escrito abordo un tema fundamental para el escritor (y a lo mejor para otros): lo que hay alrededor de una caracterización de literatura infantil

Comencemos con una definición a sabiendas de lo incompletas e inútiles que a veces son las definiciones: La literatura infantil es aquella que originalmente está dirigida a los niños. En esta frase sintética se reconoce el término literatura, referido a la escritura que con finalidad artística se dirige en principio a un receptor específico.

Partimos, pues, de la certeza de que la literatura infantil es ante todo literatura, con todo lo que eso implica como arte. El hecho de que tenga un destinatario menor de edad, no significa que el arte, la literatura, deba hacer concesiones de cualquier tipo, rebajarse o mutilarse, para llegar a un receptor infantil. No sería arte, no sería literatura y es lo que pretende decirse: que es ante todo una escritura con finalidad artística. De cualquier manera habría que subrayar que existe, y ha existido, mucha obra escrita a la que durante siglos se ha llamado "literatura" que nunca ha tenido una intención artística o literaria. Así, por ejemplo, lo que a veces se llama "literatura popular". Esta acotación no pretende evadir el punto, sino observar que para la literatura infantil es obligatorio cumplir con esa condición.

Nuestro destinatario es un ser entero, completo, niño o adolescente; ciertamente en formación, creciendo, pero esto es una característica de todo ser humano, la dinámica de la propia vida. El niño como receptor de la experiencia estética de un locutor adulto, es campo de estudio de la pedagogía, la psicología, la sociología y de muchas personas especialistas o no comprometidas con la infancia. No es un asunto menor, antes lo contrario, sin embargo, el destinatario de esta literatura es, ante todo, un niño lector ya que precisamente la literatura infantil, como la literatura en general, tiene como destinatario a un público lector específico, en nuestro caso al niño lector, de donde resulta necesario precisar no sólo la literariedad de la obra escrita, sino también los rasgos que caracterizan la escritura dedicada a los niños, lo que la hace propia del pequeño y joven lector, la infantilidad del texto.

Durante cientos de años la sociedad se preocupó por enseñar al niño sus normas a través de historias, cuentos y fábulas, hoy, por decir entre el siglo XX y el XXI, se preocupa por la formación de lectores. Aplaudo el propósito pese a los magros resultados y reitero que para la crítica literaria de la literatura infantil poco importan los millones de niños alfabetizados si no son verdaderos lectores.

Por supuesto que quisiera que todos los niños no sólo fueran grandes lectores, sino que todos gozaran de una parte proporcional de las inmensas riquezas del país, que no hubiera niños trabajando de sol a sol en el campo o explotados en las ciudades, que todos tuvieran las mismas oportunidades de desarrollar sus talentos, que ninguno padeciera hambre y todas esas injusticias y atropellos que son parte de la vida diaria de muchos niños... que, en suma, todos fueran felices. Esto es de gran importancia para mi. Lo que quiero decir es que, para el estudio de la literatura infantil, la crítica eminentemente literaria ha de centrarse en su destinatario, el niño lector. El lector es una persona, en este caso menor de edad, que mantiene una relación libre e interesada con los libros. Es nuestro lector en potencia. Nadie escribe para personas que no leen, que no saben leer, que aborrecen leer, que no pueden leer o no quieren leer, lo cual no significa que tales infantes se encuentren desamparados y sean sujetos ajenos a la literatura infantil. Habrá estudios multidisciplinarios que atiendan asuntos como la formación de lectores y la psicología del niño, entre otras cuestiones que tienden a acercar al niño a la literatura infantil.

Cabe un paréntesis para señalar la extraordinaria importancia de la lectura y, por lo tanto, el aprecio que merecen quienes enseñan a los niños a leer. De lo que se trata es de no confundir dos cosas distintas: la literatura infantil por un lado, la formación de lectores por otro. Son dos asuntos relacionados, mas no lo mismo. Convengo en que esta segunda cuestión, que implica a millones de niños, es más importante que la primera, pero siguen siendo distintas cosas. La competencia lectora se adquiere, lo apuntamos varias veces, leyendo buena literatura; toca a la crítica hacer sus recomendaciones a la escuela, a los padres, a los mediadores... La escuela podría hacer mucho a favor de la literatura infantil. De hecho, lo hace.

La lectura, diría Maryanne Wolf, representa un ejemplo como pocos, del diseño proteico, elástico, del cerebro, de su capacidad de cambiar y aprender algo nuevo para lo cual no fue diseñado, como lo es la lectura. Leer es una actividad para la cual el cerebro humano establece nuevas conexiones entre estructuras y circuitos dedicados a otros procesos, como la visión, el habla y coordinaciones motoras, para crear un nuevo conjunto de circuitos que transforman la mente y la vida de cada lector y que contribuyen al desarrollo intelectual de la especie.

No hay nada más importante para la formación de nuestros jóvenes y para el avance de la especie humana. De ahí también el enorme esfuerzo educador que se hace en la formación de lectores y la preocupación general por los magros resultados. Algo no se hace bien desde hace docenas de años y no se compone todavía. No me toca abordar la cuestión, pero sí señalar que más ganaría el niño de cuarto, quinto y sexto grado en las escuelas públicas, si se le regalará cada año, para llevarse a casa, media docena de libros de ficción, en lugar de las tabletas electrónicas. El acceso desordenado a la red digital es un factor muy negativo en la formación de verdaderos lectores.

Definir a la literatura infantil por el destinatario es un acierto que peca de obviedad y sin embargo, durante mucho tiempo el adjetivo infantil parecía estar en contraposición con la literatura en general, era un lastre, no se entendía, no se quería entender, la existencia de una literatura con destinatario. Los grandes escritores, decían sus pequeños críticos, tienen que dedicar sus letras a cuestiones elevadas, nada de niñerías. Por ende, quien dedica sus letras a los niños, no piensa en grandezas, sus escritos ni a literatura llegan, es una simulación, un atraco a la niñez.

Esto parecería superado. Lo está, pero los resabios de aquello no dejan de expresarse de otra forma. Por ejemplo, no falta quienes afirmen que la literatura infantil debería dejar el adjetivo porque eso es secundario, no importa el destinatario, sino la calidad. Es decir, se sigue bordando el mismo viejo tapete de la literatura a secas, lo infantil sigue avergonzando a algunos escritores y sigue siendo mal apreciado por algunos editores y una parte de la intelectualidad mexicana. Pero la literatura infantil existe y es parte de la gran literatura.

Fue en los años 70 del pasado siglo XX cuando las teorías literarias abonaron en distintos frentes a favor del reconocimiento de la literatura infantil como literatura al tener en cuenta la especificidad de los lectores, posibilitando en consecuencia el estudio de la literatura infantil.

Una teoría literaria no nace de la nada, sino que se sustenta en muchos estudios previos a los que aporta, corrige, critica o contrapone nuevos argumentos. Así es como se llega a los años setenta con Jauss remarcando que "La vida histórica de la obra literaria es inconcebible sin el papel activo que desempeña su destinatario". Palabras que se pronunciaron de otra manera en la antigua Grecia, pues bajo el concepto aristotélico de mimesis, se entiende que entre el objeto representado y la obra está escondido un tercero: el receptor.

La teoría de la estética de la recepción literaria, señala que "la convergencia entre el texto y lector proporciona existencia a la obra literaria". Según Iser, la obra literaria posee dos niveles: el artístico que "remite al texto creado por el autor"; y el estético, es decir, "la concretización que realiza el lector". Lo mismo que pensaron muchos escritores tiempos atrás, pues no es nada extraordinario reconocer que los vínculos con el lector constituyen para el escritor el sentido y la finalidad de su trabajo creador.

El mérito principalmente de Hans Robert Jauss y Wolfang Iser, ha sido volcar la crítica literaria no en la producción, como era tradicional, sino hacia el lado de la consumición, hacia el lector.

Tolstoi llegó a explicar al respecto: "Sé por mi experiencia de escritor que la intensidad y la cualidad de la cosa que escribo dependen de la idea inicial que me hago del lector. El lector, como criatura global concebida por mi imaginación, mi experiencia y mi saber, aparece al mismo tiempo que el tema de toda la obra... La naturaleza del lector y la actitud hacia él, determinan la forma y la resonancia de la obra creada por el artista. El lector forma parte integrante del arte." Y así podríamos citar muchos otros testimonios parecidos que ilustran cómo la obra artística tiene un destinatario específico y cómo los teóricos han abundado en la consideración del lector.

El caso es que desde el último tercio del siglo XX la literatura infantil comenzó a abordarse como verdadera literatura, con todo y apellidos.

La evolución en las teorías y del propio concepto de lo literario ha ido parejo al reconocimiento del niño como persona. En efecto, a mediados del siglo veinte se opera un cambio significativo en el propio concepto de niño.

Lo más notable, comenté hace tiempo, que ocurrió en el pasado siglo XX, está relacionado con la Literatura Infantil. Ni la fisión nuclear, ni el arribo del hombre a la luna, ni el proyecto genoma humano, ni el crecimiento de la World

Wide Web, se pueden comparar con el descubrimiento que se hizo de la infancia, del niño. Y no exagero. Es como si hubieran llegado visitantes de otro planeta. Soriano lo dice con estas palabras: "el descubrimiento de nuestro más cercano conocido".

En la mayoría de las sociedades antiguas, y aún en nuestro tiempo en áreas marginadas, la niñez era un duro aprendizaje de hacerse cuanto antes "hombres hechos y derechos". Esto en el mejor de los casos. Por lo general era mano de obra explotada. Hoy, pese a los niños que trabajan como peones en las hortalizas y campos de caña de algunas regiones del país o siguen siendo explotados en las ciudades o sobreviven a duras penas en los cinturones de miseria o en las regiones olvidadas del país, aceptamos como sociedad que el niño es importante porque es niño. Hoy, decía, pese a los dos millones de niños trabajadores que hay en México, pese a la desnutrición que afecta a muchos niños menores de cinco años, se reconoce su infancia. Como niño tiene sus derechos, inherentes a su condición de niño.

Esta idea, este cambio profundo en la sociedad, es lo más relevante ocurrido en el siglo pasado. Este cambio va también al parejo de la necesidad de una literatura para este recién llegado al planeta tierra, que es el niño en plenitud de derechos.

Alguna vez señalé que la importancia que concede a la literatura infantil una sociedad determinada es directamente proporcional a la importancia que concede esa misma sociedad al niño. Sobran los manifiestos contra la invisibilidad de la literatura infantil, cuando en las calles de la ciudad vagabundean miles de niños a la caza de un mendrugo de pan o de monedas para obtener alguna droga.

La historia de la lucha por los derechos del niño tiene valiosos antecedentes, pero no es sino en 1959 cuando se aprueba en la ONU una Declaración de los derechos del niño sin carácter legal propiamente. Casi veinte años después, en 1978, el gobierno de Polonia presentó a las Naciones Unidas la versión provisional de una Convención sobre los Derechos del Niño para que se negociara con todos los países del mundo. En consecuencia 1979 se instituyó el Año Internacional del Niño y luego de iniciarse la discusión legislativa de los derechos del niño en los distintos países del planeta surgen importantes iniciativas a favor de la infancia. En nuestro país, en el ámbito de la literatura infantil, en 1977, dos años después de celebrarse los cien años del fallecimiento de Hans Cristian Andersen (con un concurso de cuento para niños), se crea el Premio de Literatura del Instituto Nacional de Bellas Artes en la rama de Cuento Infantil, cuyo primer reconocimiento lo recibe la escritora Gabriela Rábago Palafox. En 1979, a propuesta oficial emparejada a aquella discusión parlamentaria, se crea el IBBY México y dos años más tarde se organiza la primera feria del libro infantil y juvenil. Algo similar ocurre en otros países que crean sus secciones del IBBY en 1979, 1980 y años posteriores. Hay excepciones, como Chile que ya se había asociado al IBBY en 1964. El propio IBBY, gran impulsor de la literatura infantil, data de 1953. La historia de la literatura infantil comienza en algunos de los países latinoamericanos en esos años.

La discusión para aprobar la Convención sobre los Derechos del Niño duró una década. No es coincidencia que aquellos hechos relacionados a la literatura infantil empezaran a ocurrir al discutirse en cada país a nivel gubernamental los derechos de la infancia. El reconocimiento del niño como un ser con derechos propios por el simple hecho de ser niño, modifica la percepción que se tiene de su persona de manera radical. Por ejemplo, no faltaban los defensores de la literatura infantil que decían que la literatura infantil es importante porque contribuye a la formación de lectores que luego disfrutarán de la gran literatura. Esto era como alegar que un niño es importante porque de adulto será médico, soldado o carpintero, trabajador agrícola o bombero. No: el niño es importante por ser niño y así la literatura infantil es importante porque es literatura infantil.

Sin embargo, este reconocimiento digamos oficial no significa que antes de Jakobson, Trubetzkoy, Iser, Jauss o de Even—Zohar, y de muchos otros teóricos, la literatura infantil fuera inexistente. Ahí estuvo desde siempre y podía tocársele el costado. Muchas obras literarias de calidad fueron escritas originalmente pensando en el niño y, al revés de lo que se dice, se agregaron a las grandes obras de la literatura universal devolviéndolas a los niños en groseras adaptaciones. Digamos obras de R. L. Stevenson, Carroll, Twain o Rudyard Kipling. La existencia de obras para niños no iba al parejo con el concepto de una literatura infantil. La inteligencia en los siglos pasados no daba para tanto.

Históricamente hasta el siglo XVIII, la idea de literatura se identificaba con el término "saber". La poesía y el teatro, se permitían, desde tiempos atrás, experimentos estéticos. El cuento y la novela se conformaban con llenar los apremios didácticos de los iluminados dueños de la razón. El mismo Henry Fielding, se siente obligado a comenzar cada uno de sus dieciocho libros, o capítulos, del muy liberal, o mejor dicho escandaloso para la época, Tom Jones, con un ensayo, para que su hedonismo al menos dejara una enseñanza manifiesta.

El propio Cervantes, antes de Fielding, hubo que responder a la crítica de que su Quijote no enseñaba nada, sino que hacia burla de los nobles ideales de los caballeros andantes, y escribió las Novelas Ejemplares, donde pretende ofrecer un comportamiento moral, si bien muy a su estilo, por lo que vuelve a ser criticado.

El cuento para niños no podía haberse librado de la compulsión por enseñar a toda costa.

Un día los textos de muchos escritores salieron de esa jaula, dejaron de estar totalmente en función de los poderes del Estado, de la moral, de los poderes religiosos. Los únicos que quedaron encerrados tras las rejas de los apremios didácticos, fueron los libros dedicados a los niños. ¿La causa? Las buenas intenciones de que está plagado el camino a los infiernos. Siempre ha importado a la sociedad el pequeño ser con cabeza tronco y extremidades que hoy llamamos niño. Durante mucho tiempo, esa importancia radicaba en que eran prospectos de adulto y como tales era necesario inculcarles desde temprana edad los valores de la sociedad.

El arte florece en libertad, y lejos de esa jaula de exigencias extra literarias, un día aparecieron en el cielo mirlos blancos, el vuelo de la auténtica literatura infantil: Andersen, Carroll, Collodi, como un aviso de lo que vendría. Mirlos blancos, rara avis, como llaman en la Biblioteca de Munich a los mejores libros que cada año llegan a la Biblioteca Internacional del Libro Infantil y Juvenil. Aparecen Twain, Frank Baum, James Berrie, Félix Salten, Kipling y muchos otros... Y no es, como apuntaba al principio, sino pasando el medio siglo XX, cuando se opera un cambio significativo en el concepto literario y en el concepto de niño. Sin esos cambios, a pesar de los muchos mirlos blancos que siguieron, la literatura infantil no tendría el actual reconocimiento de las teorías literarias. Sin embargo, este logro se ve opacado por las disciplinas reduccionistas que, señala Nahun, operan analíticamente como intrusas, "fijando la especificidad del discurso literario infantil, desde sus metodologías y a partir de sus sistemas conceptuales. A modo de ejemplo, la pedagogía propone criterios de utilidad, siendo el lector, primariamente un educando; la psicología evolutiva limita el placer del texto a grupos de edades, el psicoanálisis propone criterios de acercamiento al texto a partir de conceptos sobre salud mental (pulsión y represión, regresión y maduración); la ética hace hincapié en lo "elevador" de determinadas producciones, desacreditando las que no correspondan a ciertos lineamientos de comportamiento moral. De esta manera se reduce la literatura infantil a campos cognoscitivos ajenos al sistema de significación literario, excluyendo el uso especial del lenguaje verbal en que el escritor... se expresa con intención estética".

Dentro de todas estas disciplinas, la función pedagógica que se ha querido para la literatura infantil ha sido un lastre para su estudio como verdadera literatura. Y sin embargo es la pedagogía la que más ha aportado y más se ha interesado en el estudio de la literatura infantil. También ha logrado la integración de bibliotecas escolares, la difusión del libro infantil y provocado el interés de las editoriales por publicar más libros... para el sector escolar. Es tal su interés que muchos estudiosos han definido a la literatura infantil en función de sus posibilidades educadoras. De todas formas, para la literatura infantil, la aportación más importante de los pedagogos se resume en lo dicho por Giovanni Caló en Idee sulla letteratura educativa: "Para que un escrito sea clasificado entre la literatura para la infancia no basta que deleite y empuje hacia el bien, sino que también debe ser capaz de exaltar el sentimiento y la fantasía, de afinar el gusto; debe ser, en suma, obra de arte". En esto coincide con la definición de la que hemos partido donde señalamos que la literatura infantil es la escritura que con finalidad artística se dirige a los niños.

Sin embargo, como dijera Nahun, "deberá buscarse para la literatura infantil los elementos que hacen que un texto literario pueda ser considerado infantil". La literatura infantil, lo mismo que la novela policíaca, la novela histórica o la poesía religiosa, utiliza los mismos recursos que la literatura a secas. Lo hace a su propia y particular manera.

El problema en la crítica de la literatura infantil es determinar lo que es específicamente infantil en ese uso particular del lenguaje "en que el escritor se expresa con intención estética". Me atrevería a adelantar que lo más distintivo que caracteriza a nuestra literatura es el niño. Joel Franz Rosell lo señala de esta manera: Lo que hace singular a nuestra literatura, lo que la hace única y diferente, es su acercamiento a lo infantil a través de un método de interpretación de la realidad y el sueño desde la perspectiva que tiene el niño del mundo real e imaginario. El papel del niño en la literatura infantil y juvenil no es ser simple destinatario. Ellos, los niños, son el prisma a través del cual el creador enfoca cuanto lo rodea. "Es en este sentido que los libros para niños aportan a la literatura universal algo que de otro modo le faltaría, algo que explica por qué muchos adultos pueden apaciguar, alimentar, reconstruir o solazar su espíritu en una obra para chicos. Y ese algo es lo que, precisamente, confirma la fatal existencia de la literatura infantil". La infantilidad está dada por un tratamiento particular que no se puede hacer más que a través del niño y/o desde una óptica totalmente creativa. Y Franz Rosell abunda de esta manera: "Lo infantil es el elemento que modifica, como todo buen adjetivo calificativo, un sector de la literatura (lo sustantivo, lo esencial), caracterizándola y haciéndola apta a la lectura de niños y/o adolescentes. Pero lo infantil proporciona a la obra una melodía y un timbre sui géneris, capaces de sonar de una manera especial, y no hay escritor que no viva atento a la música de las palabras y a la creación de un estilo".

Podemos establecer criterios de calidad literaria a partir de las grandes obras de la literatura infantil y probablemente de ahí se facilite descubrir lo que hay de infantil en ellas, y no hacerlo al revés como se ha pretendido, partiendo de estudios del niño como receptor que, con la subjetividad propia de las ciencias humanas, se pierden en múltiples consideraciones sobre la formación lectora y los intereses particulares de cada etapa del desarrollo humano. Toda esa maraña de estudios de lo infantil desemboca, en lo que se refiere a la literatura infantil, en algo sabido de antemano, e implícito en la creación literaria: que el texto debe gustar al niño, es decir producirle un goce estético. En esta reducción, radica todo el intrincado estudio de la literatura infantil y, si continuamos con estas reducciones, en la intención primaria del escritor. Con esto último quiero decir que si un autor de talento, tiene la intención literaria de dedicar su obra a los niños, debe darse por hecho que es literatura infantil; de sus logros, de la calidad, hablarán la crítica, las reseñas o la recepción lectora y su producción podrá distinguirse entre las mejores obras para la infancia o pasará como una obra de mediano mérito o como una obra del montón. Repito si se trata de un autor de talento no harían falta pruebas de campo o de laboratorio, exámenes a fondo para decidir si se trata o no de literatura infantil, bastaría reconocer su intención. Nuestra literatura se transparenta de lado a lado y se la puede distinguir fácilmente de la pacotilla y la caricatura que intenta parecérsele. Si toda o parte de esa producción editorial sin calidad literaria se enlista de pronto como literatura infantil se debe a la falta de rigor crítico, a la inexistencia de la crítica literaria y a la superficialidad de esos catálogos.

De acuerdo a la estilística estructural de Riffaterre "El autor es extremadamente consciente de lo que hace, porque está preo¬cupado por el modo en que quiere que se descodifique su mensaje". De ahí que el objetivo de todo autor sea realizar ciertos rasgos considerados de estilo ante el destinatario de la obra.

Iser, por su cuenta, con el concepto del lector implícito que emana de la estructura del texto, redunda a favor de la intencionalidad del autor como fundamento de la comunicación con el receptor. Iser establece que "...el concepto de lector implícito describe una estructura del texto en la que el receptor siempre está ya pensado de antemano." En ese sentido "el Lector Implícito se define por tanto como una función co-relativa a la organización textual, en la que se concentran, potencialmente, la totalidad de posibilidades interpretativas pertinentes, admisibles por la estructura del texto".

De una manera más clara Eco postula el concepto de Lector Modelo, un lector previsto por el autor: imaginar el correspondiente Lector Modelo no significa sólo presuponer que exista, sino también "mover el texto para construirlo. "Un texto no sólo se apoya sobre una competencia, también contribuye a producirla". Palabras que deberían resonar en cada mediador.

Frank Smith va aún más lejos al postular una identificación más plena entre autor y lector: "podemos leer como si estuviéramos escribiendo lo que estamos leyendo y de hecho el escritor está escribiendo para nosotros".

La crítica literaria, luego que hemos reconocido la competencia del autor para direccionar correctamente su producción literaria, debe centrarse en el estudio de los rasgos estilísticos del propio texto en donde, como ya señalara Carlos Melo, se encuentran los valores expresivos que encierra la obra.

El estilo se podría definir como "toda forma escrita individual con intención literaria", una fórmula sencilla para no entrar en la polémica de las múltiples definiciones contrapuestas que se derivan de las diversas concepciones artísticas. De todas formas vamos a convenir con Jrapchenko que "El sistema estilístico de las obras de arte refleja no solamente la originalidad de la forma, sino también ciertos aspectos particulares del contenido. Lo que a menudo llamamos forma (la lengua poética, el asunto, lo arquitectónico, el ritmo, etcétera, tomados en su sentido general), está incluido dentro del estilo, pero este abarca igualmente la manera de abordar las ideas y los temas, de describir los personajes, así como las entonaciones de la obra".

Básicamente el sistema de entonación es uno de los rasgos distintivos de la literatura infantil cuanto que el tono determina la manera como se abordan los temas y se reviste el lenguaje de singularidades propias del autor y, precisamente la manera de abordar los temas, es la característica que hace diferente a la literatura infantil.

La posibilidad económica de la literatura infantil, hacerla más propia de un lector con menores competencias lectoras que las de un lector adulto, no significa una escritura facilita o chabacana, sino un arte de escritura nada sencillo que involucra complejas y variadas relaciones entre las palabras, el tejido verbal de la obra y su estructura, su sistema de imágenes. Se trata de una escritura que requiere de los procedimientos más diversos de la lengua para que los componentes del estilo, como son, entre otros, el ritmo, la melodía, el vocabulario, la composición, se sitúen al nivel del pequeño y joven lector.

Esta afirmación, que va sobre el nivel adecuado de lectura, confunde muchísimo a los mediadores y a muchos estudiosos de la lectura. Imaginan al niño como una página en blanco, cuando desde el momento en el que aprehende el habla, el niño ha logrado una hazaña intelectual extraordinaria que le permitirá, si lo dejan, otras hazañas intelectuales de igual magnitud.

Existen dos momentos en la vida de las personas en la que hemos sido tan geniales como Newton y Einstein, cuando uno establece las leyes de la mecánica clásica y otro elabora la teoría de la relatividad: esto ocurre, una vez cuando aprehendemos el habla y otra cuando resolvemos, inventamos, nuestra propia metáfora de la lecto escritura, dos momentos cumbres de la actividad cerebral.

Recordarán a Frank Smith y el entusiasmo con el que habla de esos instantes, cuando el niño empieza a hablar: "Los infantes aprenden a un ritmo que parece fenomenal, aún a quienes más han estudiado este fenómeno. Su vocabulario crece a un promedio superior a las veinte palabras diarias (Miller, 1977), y la gramática que les permite comprender y ser comprendidos por otros miembros del club, rápidamente asciende a un grado de complejidad tal que confunde las descripciones lingüísticas. Los niños aprenden sutiles e intrincadas reglas de cohesión—de cómo las oraciones se organizan en enunciados y conversaciones coherentes—que no se enseñan explícitamente y que la mayoría de las personas aplica sin tener conciencia de que lo está haciendo. Aprenden muchas reglas complejas y cruciales del registro, que nos permiten decir adecuadamente las cosas según con quién y de qué estemos hablando (...) Aprenden entonación, lo cual implica otra compleja combinación de reglas. Aprenden la gramática de los gestos, del contacto visual y de cuestiones tan delicadas como la mayor o menor cercanía que uno guarda con diversos tipos de interlocutores durante las conversaciones. Lo mucho que los niños aprenden del lenguaje, sin que ellos mismos o las demás personas lo perciban concientemente, inflama la imaginación y desafía los análisis y las investigaciones". Hasta aquí la cita de Smith quien hace referencia a críos de entre dos y tres años de edad.

Ahora bien, esta adquisición del habla nunca es una tarea discontinua o esporádica. "Por el contrario, el aprendizaje es continuo y poco esforzado, tan poco esforzado que ni siquiera solemos darnos cuenta de lo que estamos realizando... El aprendizaje que se realiza con esfuerzo es un aprendizaje que está, de alguna forma, mal organizado, o que ni siquiera llega a producirse."

Cuando el niño está todavía en una etapa de maduración del lenguaje, la cual es posterior a la etapa de su creación y recreación, digamos a los seis años, enfrenta posiblemente el reto más grande que va a encontrar jamás en su vida: aprender a leer y escribir, el enfrentarse a la letra escrita.

Este es el otro momento de genialidad que tiene el ser humano, cuando aprehendimos el concepto de letra y creamos nuestra metáfora personal de lectura y escritura. Lograrlo es una hazaña intelectual del género humano y, en su caso, del niño y la niña. De acuerdo a los estudios del cerebro la lectura es un proceso complejo que involucra distintas tareas al mismo tiempo: la atención, la memoria, el sistema visual, el auditivo, el sicomotor, procesos lingüísticos. "Nuestro cerebro, apunta Maryanne Wolf, tiene que aprender a integrar en un relampagueo lo que ve y lo que oye y lo que sabe, todo esto, con una rapidez que aún asombra a los investigadores. Y además tenemos que obtener una gran cantidad de información, así como las palabras, que se han almacenado en nuestro cerebro para llegar a los significados correctos". A medida que el cerebro del lector incipiente se vuelve más hábil el proceso se hace esencialmente automático y puede dedicar más recursos a la interpretación del significado y "leer más allá del texto", cumplir con el verdadero objetivo de la lectura que es, en palabras de Marcel Proust, ir más allá de la sabiduría del autor: "Creemos con suficiente veracidad que nuestra sabiduría comienza donde termina la del autor".

Este aprendizaje constituye otra de las hazañas intelectuales del hombre, y también de la mujer como dice mi hija. Y es una hazaña de nuestro cerebro en todos sentidos porque la abstracción de las letras, y luego de los números, implica el ejercitar un poder de imaginación y de raciocinio, y una enorme serie de nuevas relaciones químicas entre la red infinita de las células cerebrales. Toda la potencialidad del cerebro se pone en juego en esos momentos de aprendizaje de la lecto-escritura.

Puede no ser un aprendizaje placentero, debido a los métodos de enseñanza. Pero, luego que se ha aprendido ninguna otra hazaña del pensamiento se le puede comparar.

"Esta conquista se hace en brevísimo tiempo, diría Sapir, en un período increíblemente corto en relación con los milenios que hubieron de transcurrir para que la humanidad fuera capaz de trasmitir su pensamiento por medio de la escritura..."

El proceso del aprendizaje de la lectura y de la escritura entraña una serie de complicados mecanismos que parten, desde los esquemas sensorio-motores, hasta culminar con las generalizaciones y las abstracciones. Desde el reconocimiento de las oraciones y su análisis, hasta la comprensión de lo que se lee o de lo que se escribe, se advierte una escala cognoscitiva que conduce al alumno al dominio "del más importante instrumento de la cultura humana".

Y de nuevo hay que señalar este hecho: nadie enseña a otro, nadie aprende en lugar de otra persona, uno solo es el que tiene que iluminarse, con la ayuda del maestro, y recrear la escritura. Esas planas de babebibobu, no nos enseñaron nunca nada. Fueron útiles, sí, pero como un ritual con el que se invocaba al genio de la creación. Uno solito tuvo que lograr la aprehensión del concepto de letra, de la idea de enlazar símbolos para construir palabras. Y hasta que no logró captar esa idea de la escritura, tuvo por fin el chispazo del entendimiento, la metáfora en la mano, la llave para abrirse paso como lector.

Ahora bien, ¿por qué este acto creativo, este segundo momento de genialidad humana, no produce en muchos niños ningún entusiasmo o nuevas motivaciones? El inicial interés por aprender se ha perdido en el camino, ¿por qué?

Muchos de los rituales escolares para invocar al genio creador del niño en el caso de la lectura, han resultado contraproducentes. No podemos saber si provocaron lluvias más frecuentes, o simplemente vacunaron al niño contra el entusiasmo. Lo cierto es que el niño no sabe que la lectura es un logro muy suyo, y en lugar de desencadenarse en él las opciones que ofrece el placer de la lectura, asocia ésta a los ritos didácticos de que fue víctima y comienza a sentir aversión por leer. Como dijera Mark Twain, con su crudo humor: "Si aprendiéramos a hablar de la misma forma en que nos enseñan a leer, seríamos mudos". Lo cierto es que tienen que ocurrir cosas muy graves en torno al niño para que el alfabetizado termine por ser ajeno al placer de la lectura.

El problema de la lectura en el país, no se debe endosar a la educación pública, sino a la sociedad en general. El niño no lee porque sencillamente la sociedad en su conjunto no lee. Para la sociedad, leer ha perdido significación. Y si para la sociedad leer no es significativo, para el niño menos. De ahí que su recién aprendida habilidad lectora prefiera emplearla de un modo limitado, utilitario y práctico. Jaime Labastida nos alerta sobre la intención de hacer de México un país de descerebrados, precisamente por el errático tratamiento de esta problemática.

Y sin embargo, a pesar de toda la importancia que concedemos al aprendizaje de la lectura tanto en lo individual como en lo referente a la evolución de la especie humana, el escritor para niños escribe para niños lectores, no para niños que no son lectores.

El niño no es, ciertamente, una página en blanco.

Si bien, escribimos para un destinatario específico, tengamos en cuenta que el concepto de Lector Implícito representa potencialmente una suma de posibilidades de lectura, de cualquier tipo y cualquier número de lectores admisible por la estructura del texto. En base a esto podíamos afirmar que si existe una literatura universal, apta lo mismo para niños que para adultos, esta es la literatura infantil.

Nuestra literatura posee tal grado de transparencia que se mira de lado a lado, a nadie engaña; por lo mismo se la puede juzgar con cierta facilidad. En efecto, a pesar de que algunos textos para niños pudieran ser sumamente complejos (La Isla del Tesoro o El Hobito, por ejemplo), la literatura infantil se caracteriza por su transparencia. Saltan a la vista los motivos del autor con suma facilidad; de golpe se observa si hay arte en el estilo, si el estilo es original, si es atractivo o no

El mundo del autor de literatura infantil se presenta como una imagen conformada e independiente, nítidamente visible. En ella, el material no sólo es transparente, sino que en ocasiones se logra una simplificación extraordinaria, que permite inclusive la experimentación estética reduciendo formas complejas a una expresión reducida o mínima. La literatura infantil se presta para el análisis de los contenidos ideológicos, lo mismo que del uso del lenguaje, el estilo, los mensajes subyacentes y otros estudios que brillan por su ausencia en nuestro país. Una de las posibles causas del manifiesto desinterés por ocuparse de libros infantiles es el temor de los especialistas en trabajar en un género menor. Los dioses del Olimpo, sabemos, no hacen pucheros. En nuestros países la literatura infantil ha sido víctima del desprecio de la elite cultural. Hasta hace tiempo dedicarse a ella no era un oficio prestigioso o respetable.

Y sin embargo, hoy más que nunca, la crítica literaria es necesaria para la literatura infantil que se escribe en México donde tampoco se produce sistemáticamente teoría de la literatura infantil. La crítica es la única que puede iluminar el panorama actual de cuanto se publica y lee en México no sólo para los mediadores, el autor y la propia literatura infantil, sino para los mismos estudios multidisciplinarios y la producción editorial. Un mercado caótico y creciente requiere de la valoración de lo que se produce, no importa si esa valoración crítica se apoya en el estructuralismo, en la semántica, en la morfología, en la hermenéutica fenomenológica, en el psicoanálisis, en la pragmática o en cualquier otra disciplina.

No se ha hecho un estudio que reconozca la evolución de nuestra literatura, las distintas fases que ha recorrido desde el adoctrinamiento religioso y moralista, de no mucho tiempo atrás, hasta nuestros días en que reaparece, ante imperativos comerciales, el didactismo en forma moderna. Hay un momento clave en nuestra historia, la creación en 1977 del premio nacional de literatura del Instituto Nacional de Bellas artes en el género de cuento para niños, lo que permitió la irrupción de una narrativa moderna que como consigna primaria, se alejó del didactismo que sobrevivía en esos años. Pero fuera de esto ¿en qué momento nuestra literatura ha superado, o se ha detenido, en las mismas fases que la literatura en general ha tenido que rebasar para transformarse en arte literario?

Los panoramas literarios, los catálogos de libros y autores, las listas de obras que se publican como estudios de literatura infantil, no explican los caminos andados, sino que muestran una mezcolanza de toda clase de formas, unas artísticas, otras no, sin distinción alguna.

Una gran producción de libros para niños, ¿para qué? La crítica literaria tendría que explicarlo por una parte. El otro lado de la explicación sería del autor.

Romain Rolland se hace las mismas preguntas que deben rondar en todo escritor para niños: ¿Para qué escribo? ¿Para quién escribo?

Rolland se responde: "No podría disociar las dos preguntas; mi acción siempre ha sido, en todos los casos, dinámica. Siempre he escrito para los que caminan, pues siempre he estado en marcha."

Allá él, aquí entre nos, ¿seguimos el mismo camino de Rolland, o vamos para atrás o para ningún lado? ¿Qué clase de historias entregamos a los niños? ¿De qué ideas alimentamos su imaginación? ¿Hay algún propósito particular en lo que escribimos además del goce estético? ¿Entretener, divertir, complacer, jugar, hacer pensar? ¿Es el libro un producto meramente comercial? ¿Qué ofrece la literatura para niños en una época de crisis de la conciencia nacional, en la decadencia social y la descomposición moral de las instituciones públicas? ¿La literatura para niños responde a los imperativos de la época, y si lo hace de qué manera y si no lo hace bajo qué pretextos o criterios? ¿Andamos en lo puramente particular y anecdótico, en lo meramente coyuntural? ¿Aportamos algo nuevo a la literatura, o vamos arriba de la misma vieja carreta? ¿Participamos en ese intento de hacer de México un país de idiotas que menciona el presidente de la academia mexicana de literatura? Y muchas más preguntas que rondarían en la crítica literaria: sobre la obra en particular, sobre el conjunto de obras, sobre la evolución del estilo y las tendencias literarias, y tantas otras cosas...

El hombre es la medida del arte, diría Andrés González Pagés en una de sus clases de historia del arte. Y este recuerdo me conduce a José Revueltas quien expresó alguna vez: "Yo me dedico al hombre y ando en busca de la esencia humana en la expresión literaria". ¿Andamos por esa vía, en pos del niño, o por vericuetos desconocidos? Nuestra literatura es tan transparente que la respuesta se encuentra en ella misma, en nuestra narrativa. Haciendo paráfrasis del mismo Revueltas diría que "en la persona misma del autor encuentras tú su tesis", nadie inserta su tesis en sus letras, uno es la tesis.

Los imperativos editoriales y escolares marcan algunas de esas tendencias, así como los temas de nuestra literatura. La escuela privada es la gran compradora de libros para niños, luego del gran impulso que significó para las empresas editoriales el programa nacional de lectura con las bibliotecas escolares y las bibliotecas de aula que, desde la Secretaría de Educación Pública, impulsó el gobierno mexicano. Valores, maltrato, tolerancia, género, ecología, cuidado del medio ambiente, emigración, cuerpo y sexualidad, minorías, la web y otros temas que, sin duda son parte del mundo real, de donde el escritor hace sus generalizaciones artísticas. No hay otro mundo, si bien hay muchas maneras de verlo y llevarlo a la escritura; es parte de lo que debe observar la crítica literaria y, no lo niego, el propio autor.

Viene a cuento uno de los comentarios de Heidi Garza en su blog Letras minúsculas, dedicado de hace años con mucho entusiasmo a la literatura infantil.

Debo aclararlo, no es mi costumbre, pero ayer he dejado un libro sin concluir la lectura. En realidad es el segundo libro que no he podido leer por completo de cuantos me había propuesto desde la semana pasada, pero me ha sido imposible. Quizá no sea el momento adecuado, no son para mí o, ¿cuál será el motivo? Suelo concluir mis lecturas, aunque no me agraden del todo, para saber con claridad el motivo de mi disgusto, pero esta vez no he podido continuar, me he quedado dormida ante ambas lecturas.

El primer libro es "Las peregrinas del fuisoyseré", de Ricardo Chávez Castañeda. Me parecía un trabalenguas narrativo, un ir y venir temporal, que terminaba por pesar sobre mis párpados. Varias tardes lo intenté y casi lo logro, sin embargo, no he podido llegar al fin. No lograba imaginar a esa niña tan preocupada por el pasado y angustiada por el futuro, me invadía la tristeza. Era como una adultita a punto de comprar un seguro de vida. Así las cosas, no puedo decir nada más.

Las mismas preguntas: ¿para qué escribo? ¿Para quién escribo? La respuesta corresponde al autor.

Repito, hace falta la crítica literaria para darle sentido a la producción editorial. Sin embargo advierto que la crítica no puede señalar obligaciones extraliterarias al autor de literatura infantil, proponer temas necesarios y dirigir a la literatura a un mercado editorial. La producción editorial es, sin duda, una cuestión de enorme importancia para el circuito literario completo y no se puede soslayar. Tampoco la teoría puede hacerse cómplice de la nueva compulsión pedagógica alentada por la escuela como gran consumidor de literatura infantil. La escuela es por biología social la institución más conservadora de la sociedad. La escuela un día ha de entender que el valor de la literatura se encuentra en el mero placer, en el goce estético de la propia lectura, algo mucho más importante y valioso que cualquier apremio educador y que la competencia lectora se adquiere leyendo lo mejor de la literatura dedicada a los niños.

El niño y el adolescente son mucho más competentes como lectores de lo que ellos mismos creen. Basta que algo despierte su interés para acceder a lecturas que nadie esperaría que pudieran llevar a cabo. Así lo expresó Teresa Colomer en una oportunidad ante un hecho cierto: "¿Quién se habría atrevido a poner los volúmenes de El señor de los anillos en manos de adolescentes poco lectores?".

En su estudio del siglo de Oro español, Margit Frenk expresaría una sorpresa mayor ante un fenómeno de similar naturaleza dado por un público más bien inculto que, sin embargo, lograba comprender los altos vuelos del teatro español: "Ante el extraño fenómeno de un público variado, compuesto por los diferentes estratos, social y culturalmente tan dispares, uno se pregunta siempre de nuevo cómo pudo ser que una misma expresión artística apelara por igual a todos ellos. Leyendo ahora el teatro del Siglo de Oro, nos resulta sorprendente que el pueblo comprendiera el complejo lenguaje poético de Lope y sus émulos —para no hablar del de Calderón—, las alusiones mitológicas, las referencias históricas, la sintaxis alejada del uso común, las exquisiteces léxicas, los juegos conceptuales, los pasajes culteranos, los cambios de versificación". Y tras analizar el fenómeno agrega más adelante: "El nuevo teatro que surgió en las dos últimas décadas del siglo xvi y se desarrolló en el xvii, contó, pues, con un público urbano que en buena parte podía ser analfabeto o semi—analfabeto, pero que entendía un complejo lenguaje poético, que estaba habituado a metáforas cultas, a la "agudeza" verbal, a todos los recursos retóricos".

El ser humano, niño o adulto, posee un cerebro maravilloso. Y a veces, cuando se despierta su interés, lo utiliza.

La moderna literatura para niños no debería ser complaciente con la facilidad lectora que en nada beneficia a los lectores, sino plantear al pequeño y joven lector algunas exigencias propias de seres inteligentes. La literatura infantil es un vuelo de la imaginación, el de los mirlos blancos; no se debe cargar el buche de municiones al ave que va a emprender el vuelo.

Mario Rey sostenía en el año 2000 que no existía una literatura infantil como "un fenómeno o concepto de la práctica artística de la palabra, sino más bien como una compleja especie hibrida entre la pedagogía y la literatura en la cual es posible encontrar tanto elementos literarios como especímenes básicamente pedagógicos". Por supuesto que en toda literatura hay especímenes que semejan alguna clase de enseñanza, de mensaje, de las ideas del autor, de ideología, de su concepción del mundo. Lo vemos en la obra de Carpentier o de Borges, y se encuentra presente en toda literatura. Sin embargo, no encuentro cuál es el mensaje pedagógico de Las Brujas de Roald Dahl, o de La Isla del Tesoro de Stevenson o de alguno de mis propios cuentos, por ejemplo Grillito Socoyote en el Circo de Pulgas. No creo que Dahl tuviera la intención de escribir un manualito para aprender a defenderse de las brujas, o que Robert Louis Stevenson quisiera mostrar a los muchachos cómo se descifran los mapas antiguos. Ni mucho menos, como suele ocurrir en algunas historias, que los malos siempre pierden, por lo que hay que estar del lado de los buenos.

Tengo la convicción de que la literatura mexicana para niños que se escribe desde los años 70 del siglo pasado, dejó atrás, como ocurre también en otros países, las intenciones didácticas y moralizantes. Antes de esa fecha, aunque se escribía menos para niños, tampoco faltaron escritores de talento que ignoraron la compulsión didáctica que la sociedad confiere a la literatura infantil. Es cierto que existe un gran interés en la práctica docente por el libro para niños. Por un lado, debido a la importancia que se otorga actualmente a la formación de lectores, tarea encomendada de paso a los maestros, que en ese sentido dedican buena parte de sus afanes a encontrar los "valores" en cuentos y novelas para niños. Las propias editoriales entregan una guía didáctica a la escuela para cada libro destacando los valores morales de la obra. La pérdida de valores de la sociedad actual, la perdida de sus raíces e identidad, obliga a los programas de estudio escolares oficiales a hacer énfasis en los valores y qué mejor que buscarlos en los libros de cuentos a los cuales siempre se ha pedido que expliquen al niño muchas de las tareas que corresponden a la escuela y a la sociedad. No faltan los especialistas que pretenden, en comunión con los intereses editoriales, marcar el camino que ha de seguir el autor y así se sugieren temas de actualidad para remediar el mundo con un cuento o una novelita, de donde volvemos a la literatura con pretensiones didácticas, ahora para salvar o concienciar al niño de sus problemas existenciales, del maltrato escolar (mal llamado bullying), la tolerancia y la aceptación de las minorías, el divorcio de los padres, la muerte de un familiar, la anorexia, la emigración, malos hábitos, etc.

A pesar de las formulaciones teóricas a favor de la literatura infantil, las cuales tienen poco más de cuarenta años de ponerse en boga, no falta en México el editor, el pensador, el escritor, que, por ignorancia y falta de interés, por no acercarse a las nuevas teorías literarias, insista en que no existe más que la literatura a secas en abierto desprecio a la literatura infantil. Escribir para niños, llegaron a decir en páginas culturales personajes muy lúcidos de la inteligencia mexicana, es una grosera manera de aprovecharse de la inocencia del lector. El oficio del escritor para niños no era visto precisamente como algo respetable. Y esto sucedía en los años 90 a punto de entrar al siglo XXI. Bueno, en realidad todavía algunos escritores para niños con una larga trayectoria en la literatura infantil en nuestros países alegan que lo suyo es literatura sin adjetivos. Lo infantil les sigue avergonzando. Y es que lo infantil no alcanza para llegar al Parnaso. Lo señalaba, por ejemplo, en 1996 el investigador peruano Saniel Lozano al hacer referencia a su país: de la literatura infantil "aún no se supera su condición discriminada y marginal, en la medida en que sigue siendo considerada como una literatura de segunda o tercera categoría, jerarquía que también es adjudicada a sus autores"

Un hecho totalmente distinto tuvo lugar en la Inglaterra del romanticismo, en la primera mitad del siglo XIX, cuando las dos figuras más destacadas de la época, William Blake y William Wordsworth, afirmaron que escribir para niños es un oficio respetable. Allison Lurie lo cuenta de esta manera: "Llama la atención la calidad de la literatura británica para niños. Tal vez su origen se encuentre en el movimiento del romanticismo y el valor que concedieron a la infancia escritores como Blake y Wordsworth, al sugerir que, para hombres y mujeres con talento, la literatura infantil era una cuestión seria y de prestigio"

No es mera coincidencia que la literatura para niños que se escribe en las Islas Británicas tenga una larga tradición de obras de gran calidad que se remonta a fines del siglo XVIII, se consolida en el siglo XIX y llega a nuestros días. Desde Lewis Carroll (Alicia) y Oscar Wilde (El Gigante Egoísta) a Mary Pollock (Los Siete secretos) y Kenneth Grahame (El Viento en los Sauces), pasando por Rudyard Kipling (El Hijo del Elefante), Alan Alexander Milne (Winnie the Pooh), Robert Louis Stevenson (La flecha negra), J. R. Tolkien (El Hobito), hasta Julia Donaldson (El Gruffalo) y Carl S. Lewis (Las Crónicas de Narnia), Richard Adams (La Colina de Waterships), T. H. White (El descanso de la señora Masham) y muchos otros autores como Frederick Marryat (The Children of the New Forest) y Robert M. Ballantyne (La isla de coral) y podemos rematar con Roald Dahl, Beatrix Potter y James Berrie, por no seguir enlistando. Que fueran ampliamente conocidos no sólo tiene que ver con su calidad, sino con la proyección universal que sus obras han tenido a partir de la crítica y recibimiento lector en su país. Un ejemplo clásico de esta afirmación lo es La isla del tesoro que, tras su paso sin pena ni gloria como folletín, recibió al aparecer como libro una crítica justa, una especie de lanzamiento publicitario de parte de amigos suyos colocados en diarios influyentes.

Lo que me parece importante destacar es el arte desplegado en el libro infantil. Desde la época de la colección Colibrí (1979), la ilustración mexicana despegó con una gran calidad a la que se han agregado artistas de todo el mundo. Libros hermosos son más atractivos para los nuevos lectores y aún para estudiantes de grados superiores. Teresa Colomer confesaba hace quince años, que sus alumnos, "futuros enseñantes, rechazan las ilustraciones en blanco y negro". Imagino que no son grandes lectores. No concibo que el verdadero lector sea capaz de rechazar la lectura de un libro por la simpleza de sus ilustraciones o por carecer de ellas. No se puede juzgar por calidad el lujo y adornos de un libro, a menos que hablemos de libros de arte y no de literatura. Recuerdo hace años una plática con amigos argentinos que lanzaban un proyecto editorial para entusiasmar a los chicos con estas palabras: "libros para niños igual que los libros para mayores: ¡sin ilustraciones!". El libro ilustrado, picture book o album ilustrado, no despierta en mi el entusiasmo que veo en muchos mediadores, escritores y editores. La cultura de la imagen alienta la flojera mental propia del no lector. Esto era evidente en la era de oro de la historieta en México, cuando el comic y cierta novela ilustrada y la foto novela, constituían un nivel lector primario, más bajo que la lectura de cierta "literatura popular" de novelitas de vaqueros y romance principalmente. Soy feliz con una viñeta o, si acaso, una simple portadilla en mi obra. El libro sin texto, mucho menos me interesa comentarlo. Es harina de otro costal. Pero conviene señalar que muchos mediadores escogen un libro no por su calidad literaria, sino por la calidad de su impresión, por las bonitas ilustraciones, por el tema, por los valores morales, por el texto corto, por el brillante papel. El libro se hace caro, elitista, y se aleja de algunos lectores. Me identifico plenamente con Isaac Singer cuando reflexiona de esta manera: "sigo pensando que el poder de la palabra es el mejor medio para informar y entretener las mentes de los más jóvenes. La mayoría de las historias que he leído no estaban ilustradas. De más está decir que los relatos de la Biblia, que he leído y releído, no tienen ilustraciones. En este volumen me satisface poder hablar a mis jóvenes lectores solo con la palabra. Sigo pensando que en el comienzo fue el Logos".

    La nueva novela gráfica, como producto de la moderna cultura de la imagen, no es nada nuevo. La vieja historieta mexicana tuvo entre sus actores, escritores reconocidos y muy buenos artistas gráficos. Lo novedoso ahora es que se le otorgan espacios en el ámbito artístico. Sin embargo, lo que tiene que ver la novela gráfica con la literatura infantil es lo mismo que la literatura tiene que ver con el comic, con la vieja historieta, poco o nada.

Una vez que se reconoce a la literatura infantil en algunos espacios de discusión se habla de la necesidad de definir a la literatura juvenil, mientras que en otros lados se asegura que la literatura juvenil es una invención moderna. No voy a explorar semejantes selvas. Me limito a unas pocas palabras sobre la literatura juvenil y la literatura para niños muy pequeños. Ambos términos caben dentro de la literatura infantil, con diferencias que no implican crear categorías aparte. El libro objeto, el libro concebido para ser manipulado por menores de tres años, así como el libro ilustrado sin texto, no son literatura, son artefactos, objetos, libros, pero no literatura. Se hace lectura de las imágenes y no de la letra escrita.

La literatura para la etapa prelectora de la primera infancia se sustenta en la oralidad, en la lectura adulta. Un texto que se ha de leer a su destinatario, es perfecto si el lector no se enmaraña con las frases y tiene que cambiarlas o explicarlas al menor. La prosa tendría que poder leerse como se lee un poema redondo, con el ritmo preciso y el énfasis correcto en las connotaciones emocionales del texto. Tendría que ser un texto perfecto para un cuentacuentos. En mi experiencia leyendo a pequeños, mis hijos y mis nietas, por ejemplo, muchas veces tenía que saltarme párrafos enteros o componer otros para hacer amena y comprensible la lectura. Escribir para niños pequeños es un arte delicado.

Antes de tocar el tema de la literatura juvenil, me detengo un instante en la lectura digital la cual se toma de manera muy alegre en todas partes sin comprender los peligros que entraña para el pequeño y joven lector. Los promotores del libro electrónico y los medios digitales de lectura tendrán sus motivos comerciales o de otro tipo para hablar favorablemente, y hasta con entusiasmo, de un asunto que es demasiado serio para tomarse a la ligera. Los estudios alrededor del uso y la lectura en las tabletas y medios digitales alertan sobre la falta de profundidad que se logra con esos medios, en contra de la lectura en papel que permite una mejor lectura que puede ir mas allá del texto, por citar un ejemplo, y alertan sobre cambios en la misma evolución humana. No abundo sobre este tema del que hay amplias referencias en autores como Marianne Wolf y Anne Mangen entre muchos otros especialistas. Sólo doy un alerta sobre el libro digital para niños.

La literatura juvenil en mi opinión cabe dentro de aquel criterio que fija la competencia lectora infantil entre 8 a 14 años, mas o menos 2 años. Se encuentra, a mi parecer, entre los doce y quince o dieciséis años de edad, una etapa de grandes lectores. La literatura dirigida a estos grandes lectores ha contado siempre con buenos libros desde el siglo XIX, La isla del tesoro, Kim de la India, los viajes extraordinarios de Julio Verne, la obra de Salgari, por ejemplo. Igualmente ha contado con una literatura popular, poco apreciada por la crítica, pero muy del gusto de "los chicos de barrio" a los que alude Chesterton en uno de sus primorosos ensayos cortos. Libros de aventuras, de capa y espada, novelas policíacas, de bucaneros, de vaqueros y de romance. La literatura de ciencia ficción tuvo en su época de oro en el pasado siglo XX. a los niños y jovencitos como sus asiduos lectores.

Finalmente, en México, alentados por la apertura editorial y los premios literarios, la literatura juvenil ha cobrado un gran impulso. Diríase que goza de buena salud y que se ha ganado el respeto del público, pero esto lo debería decir la crítica literaria en estudios a fondo. Otra cosa es la llamada literatura crossover, que escapa del rango de las edades que he mencionado, y, más bien se emparienta con el antiguo best seller, con todas sus virtudes y defectos. Un viejo ejemplo de esa clase de libros de grandes ventas, lo sería Pregúntale a Alicia, publicado en 1971.

5. Generalidades

El mundo de la literatura infantil es extraordinario. Aquí cabe un cuentito, como los que están de moda en las editoriales, para niños pequeños, hasta trilogías complicadas como la obra de Kornelia Funke sobre el mundo de tinta. En la literatura infantil todo es posible. Se puede comenzar una historia como lo hace Roald Dahl en James y el Melocotón gigante, eliminando a los papás en tres líneas porque requiere de un protagonista indefenso. O se puede comenzar sobre un sofá estampado en donde la gatita mira la televisión y el armadillo enamorado mira a la gatita. Y se pueden construir toda clase de historias. Es un mundo maravilloso el de la literatura infantil. Si queremos entrar a este mundo como autores, es recomendable leer toneladas de libros para niños, sobre todo de la mejor literatura. No hay que olvidarse de lo apuntado por Frank Smith y su idea de que mientras leemos el escritor escribe por nosotros.

Smith se refiere al aprendizaje de la lecto escritura por el niño, pero se puede aplicar en otro nivel a nosotros mismos: "podemos leer como si estuviéramos escribiendo lo que estamos leyendo y de hecho el escritor está escribiendo para nosotros". Los escritores, añade Smith, con sus palabras nos enseñan cómo escribir lo que nosotros querríamos escribir. Ellos son nuestros colaboradores en nuestro propio aprendizaje de la escritura. En realidad leemos como si estuviéramos escribiendo lo que estamos leyendo, y de hecho el escritor está escribiendo para nosotros, por nosotros.

Muchos autores, de manera conciente o inconsciente, describen en su propia obra literaria su método creativo, o sus métodos. En la literatura infantil esto sobresale en la Matilda de Roal Dahl, cuando Dahl explica los extremos a que llega la directora contra los niños. Otro caso es Lygia Bojunga quien dibuja su alter ego en Raquel, la protagonista de El bolso amarillo. Aprendemos de ellos, lo mismo que de Stevenson, de Carroll o de Olesha, cuanto sea posible. No con la idea de imitarlos, sino de comprenderlos, de conocer sus recursos estilísticos, sus procedimientos y valores literarios.

La obra de Dahl se caracteriza, amén de otras cualidades, en llevar sus planteamientos a los extremos, a las últimas consecuencias que dijera Miller, de suerte que pasa por alto todas las recomendaciones de los buenos vecinos de cómo tratar sus temas. Esto es notorio en Las brujas y en El dedo mágico, cuando los hechizos, uno que afecta al protagonista convertido en ratón, y el otro a la maestra a la que le salio cola como castigo, no se revierten. ¿Y qué decir de La maravillosa medicina de Jorge?, donde el chico se deshace de una abuela fastidiosa. El elevador de Dahl no se detiene en el último piso, sino que llega al cielo. Si se trata de confrontar a un niño con extremas dificultades, es preferible contar con un niño indefenso, huérfano en manos de horrorosas tías. ¿Y donde toma un niño huérfano? No hay problema de casting para Dahl, ni para la literatura infantil, a los padres del chico un día que salen a la calle los devora un rinoceronte en un dos por tres. No es cosa de andarse por las ramas. Dahl no hace concesiones de ninguna clase, pone toda la carne en el asador como él lo reconoce en la voz de sus personajes. Su obra se acomoda mejor a nuestro tiempo que al suyo. En los cuentos en verso Dahl pierde el tacto, pierde el gusto y, con la misma tónica de su prosa, cae al piso. Son el grano en la nariz de un gran autor. Lo que es bueno en prosa, no siempre lo es en verso y viceversa.

Veamos lo que confiesa Dahl sobre su método creativo en su Matilda. En cierto capítulo una niña no puede creer lo que acaba de suceder y comenta con Matilda:

—Yo estoy segura de que mi padre armaría un escándalo si le dijera que la directora me ha agarrado por el pelo y me ha arrojado por encima de la cerca del patio.

—No, no lo haría —dijo Matilda—. Y te voy a decir por qué. Sencillamente no lo creería.

—Claro que me creería.

—No —dijo Matilda—. Y la razón está clara. Tu historia resultaría demasiado ridícula para creerla. Ese es el gran secreto de la Trunchbull.

—¿Cuál? — preguntó Lavender.

—No hacer nunca nada a medias si quieres salir con la tuya. Ser extravagante. Poner toda la carne en el asador. Estoy segura de que todo lo que hace es tan completamente disparatado que resulta increíble. Ningún padre se creería la historia de las coletas aunque pasara un millón de años. Los míos, desde luego, no. Me llamarían embustera.

Un poco antes, sorprendemos a Roald Dahl encarnado en Hortensia la niña que, en palabras del autor, ha elevado el arte de la picardía a la cota más alta de su perfección.

Matilda y Lavender estaban cautivadas. No tenían duda de que en aquel momento se hallaban en la presencia de una maestra. Alguien que había elevado el arte de la picardía a la cota más alta de la perfección; alguien que, por otra parte, estaba dispuesta a arriesgar alma y vida por seguir su vocación. Miraban admiradas a esa diosa y, de repente, hasta el grano de la nariz, se convirtió en distintivo valor en lugar de defecto físico."

Sólo así yo me explico que un grano en la obra de Dahl se siga publicando y reeditando. Me refiero a un cuentito muy menor, poco edificante como La maravillosa medicina de Jorge, sin los valores literarios de Matilda, Las brujas, Danny campeón del mundo y otros libros de este genial autor.

La obra de Lygia Bojunga Nuñez contrasta con la de Dahl, a pesar de que ambos autores forman parte de la vanguardia de los niños, en la defensa de sus puntos de vista, sus derechos al ser niños. Y es que mientras Dahl emprende aventuras al espacio en un ascensor, a los bosques, a las fábricas de chocolate para contar sus historias, Lygia Bojunga se aventura en el interior del niño, inclusive cuando sus personajes son un paraguas, un pavorreal, un armadillo. Bojunga teje su narrativa en los sentimientos y valores que motivan la búsqueda de interrogantes sobre el amor, la belleza, el trabajo, la política... a través del vuelo de la imaginación.

Es una constante en su obra el niño o niña en indefensión o desventaja; su personaje interroga el por qué de las cosas, y desde esa pequeña estatura ha de enfrentarse a las posibles respuestas.

En la obra de Bojunga es muy evidente que lo que hace singular, especial a la literatura infantil, lo que la hace única y diferente, es su acercamiento a lo infantil a través de un método de interpretación de la realidad y el sueño desde la perspectiva que tiene el niño del mundo real e imaginario. El papel del niño en la literatura infantil no es ser simple destinatario. El niño, los niños, son el prisma a través del cual el creador, en este caso Lygia Bojunga, enfoca cuanto le rodea.

Hay escenas que podemos comparar entre Dahl y Bojunga. Por ejemplo, en Matilda, los padres viven pegados a la televisión y desprecian y no entienden a su hija. En El bolso amarillo, la familia de Raquel, la trata sin mucha consideración, pero a diferencia de Dahl que lleva a los padres y hermanos de Matilda a un extremo que resulta grotesco; la familia de Raquel es más normal, pero no menos cruel. Se parece a muchas familias de verdad y por ello mismo las injusticias y burlas que sufre Raquel, son más punzantes, más creíbles. Matilda tiene armas para enfrentar a los horrorosos adultos; Raquel, no.

Si en Matilda, Roald devela con todas sus letras su método creativo; en El bolso amarillo, Bojunga explica muchas veces su postura como escritora:

"No hay manera, Andrés, los mayores no nos entienden". Explica a su amigo imaginario el motivo central de su obra: la incomprensión de los mayores. Y a partir de ahí, al igual que Raquel la niña escritora, su historia escapa de la realidad, o mejor dicho, entra en otra realidad en donde se entrecruza la imaginería. Al igual que cobra vida el gallo Rey que ha creado la pluma de Raquel, la pluma de Bojunga da vida a cualquier objeto o bicho que se cruce con su historia. Así ocurre a Alexandre, en La casa de la madrina, cuando tropieza con el pavorreal; así ocurre en El bolso amarillo, donde hasta el cierre es partícipe de la historia, lo mismo el paraguas y el alfiler. Pero estos objetos, al igual que Raquel la niña escritora, son objetos despreciados.

El cierre que consigue para el bolso es tan corriente que el propio vendedor dice que se va a estropear. Eso conviene a Raquel para mantener el bolso al margen de mirones. El paraguas está estropeado, el alfiler que no servía para nada... El propio gallo es un desastre como gallo.

Pero uno por uno, los personajes de Bojunga tienen sueños, aspiraciones y las ganas de hacerlos cumplir.

El gallo lo dice, luego de que Raquel explica:

"Mi novela acababa el día en que te escapabas. Hasta ahí te he inventado...

—Bueno. Pero entonces al quedar inventado tuve que decidir lo que iba a hacer con mi vida. Pensé muchísimo. Terminé decidiendo que iba a luchar por mis ideas."

La solución deviene de manera fantástica, pero siempre a partir de lo previamente imaginado. Lorelai, se hace realidad en La Casa de los arreglos. Un lugar en donde Bojunga pinta un mundo idealizado, donde todos los miembros de la familia son iguales, leen, estudian, intercambian roles...

En El Sofa estampado, la gatita es la que se pasa el tiempo viendo el mismo aparato. Dahl no se anda por las ramas y llama torpes, estúpidos y tontos a la familia de Matilda. Bojunga la exhibe con cierta indiferencia, más por contraste ante los otros personajes. Lo mismo pasa en La casa de la madrina, Alexandre y el pavo real, sufren la opresión del sistema, pero esto se expresa sutilmente, nunca con palabras de condena o haciendo énfasis en la pobreza del niño. Si no fuera por ciertos detalles el lector casi no se enteraría de su apremiante situación social. Esto es más marcado en el caso del pavo real sometido a lavados de cerebro o torniquete cerebral.

Los personajes de Dahl, por estrambóticos que sean, por ejemplo la araña y los bichos del melocotón, o los abuelos de Charlie, la misma Matilda... son de carne y hueso, reales en la ficción. Muchos de los personajes de Bojunga son imaginarios. Por ejemplo en el bolso amarillo, el cierre es real, pero el gallo, sus amigos que le escriben cartas, no lo son.

Aparte de la manera de concebir su literatura, el escritor de talento nos enseña otras peculiaridades de su estilo, de sus recursos, de sus procedimientos literarios. Apuntamos que una de las características de la literatura infantil es la preponderancia de la acción y el diálogo sobre la descripción. Por supuesto, yo proclamo la libertad total del creador y por lo mismo si quieren usar pura descripción, lo pueden hacer si logran que sea interesante para el lector.

Un maestro de la acción y el diálogo lo es Rudyard Kipling, a quien debemos, además descripciones estupendas, pero siempre relacionadas con el curso de la historia o el ánimo de sus personajes. Kim de la India y El libro de las tierras vírgenes encierran extraordinarias imágenes literarias.

Un ejemplo de cómo avanza la historia a través de la acción y el diálogo lo encontramos en El hijo del elefante. Veamos. Observen, además, la economía de medios, o sea de palabras para explicar lo esencial. De pronto suelta frases envolventes, que repite una y otra vez cuando es preciso para lograr un efecto peculiar que en otra clase de textos podría ser mágico..

Una espléndida mañana, aquel insaciable hijo del elefante hizo una delicadísima pregunta que hasta entonces no había formulado. Preguntó: ¿Qué cena el cocodrilo? Y todos se apresuraron a hacerlo callar con un "Shhhht" estentóreo y temeroso.

Como nadie le respondiera, fue al encuentro del pájaro Kolokolo, que estaba posado en mitad de un espino.

—Mi padre y mi madre me han regañado dijo el elefante— y también todos mis tíos y tías se han molestado conmigo por mi insaciable curiosidad. Pero a pesar de todo, quisiera saber qué cena el cocodrilo.

El pájaro Kolokolo le contestó con voz quejumbrosa:

—Vete a las riberas del río Limpopo, el de las aguas grises, verdosas y sucias que se deslizan entren los árboles de la fiebre, y ahí lograrás satisfacer tu curiosidad.

Otro maestro de la acción y el diálogo lo es Joaquín Gutiérrez. Su obra Cocori se cita en todas recomendaciones de libros para niños. Es un clásico latinoamericano. Cuenta con ediciones en muchas partes del mundo, excepto en México. Nació en Costa Rica. Su obra para niños se limita a Cocorí y algunos cuentos pequeños. Escribió cuento, novela y crónica periodística, tradujo a Shakespeare, fue corresponsal de guerra en Europa y campeón de ajedrez en su país.

El Cocorí es una reflexión sobre el misterio de la vida visto a través de lo efímero de una flor. Representa la clase de cuentos en los que la naturaleza, el paisaje, el medio ambiente, el habitat, es casi casi un personaje y la fauna silvestre propia de la región encarna personajes auténticos, como Talamanca la Bocaracá o Kaa, la anciana culebra pitón de El libro de las Tierras Vírgenes, el propio Bambi o el perro Buck de La llamada de la selva. A esta clase de historias hay que sumar la obra de Horacio Quiroga para niños y para jóvenes y adultos. Anaconda, la Guerra de los yacarés, La gama ciega, La abeja haragana, docenas de relatos donde la selva juega un papel protagónico. Es, pues, una vertiente distinta a Dahl y a Lygia Bojunga, cercana a los cuentos que ahora se escriben con propósitos ecológicos. La diferencia entre la moda ecologista y ecológica y el libre vuelo del espíritu es notable.

Aparte de esta cualidad, el Cocorí es toda una lección de escritura dedicada a pequeños lectores. Veamos parte del inicio:

En el agua tranquila de la poza, las copas de los árboles se reflejaban reproduciendo una selva submarina.

Cocorí se agachó para beber en el hueco de las manos y se detuvo asombrado al ver subir del fondo del agua un rostro oscuro como el caimito, con el pelo en pequeñas motas apretadas. Los ojos de porcelana de Cocorí tenían enfrente otro par de ojos que lo miraban asustados. Pestañeó, también pestañearon. Hizo una morisqueta y el negrito del agua le contestó con otra idéntica.

Dio una palmada en el agua y su retrato se quebró en multitud de fragmentos.

Estaba muy contento Cocorí y su risa descubrió sus encías rosadas como papayas. Por primera vez se había atrevido a penetrar entre los árboles milenarios de la selva y, lleno de curiosidad y excitación, vivía una aventura magnífica. Ya mamá Drusila debía estar impaciente:

—Cocorí, anda a traerme leña —le había dicho.

Pero recogiendo una rama por aquí y otra por allá se había ido adentrando en el bosque, y ya era hora de emprender el regreso. Cruzó los primeros matorrales en los límites de la selva. Se apresuró, receloso, porque el sol comenzaba a ocultarse en el horizonte y se iniciaba el concierto nocturno.

—Croá, croá, que susto me da.

El sapo le gritaba desde su pantano, y el grillo intervenía con su voz en falsete:

—Cri, cri, cri, apúrate, Cocorí:

Las ramas se alargaban como garras para atraparlo y veía sombras pavorosas por todas partes. Y cuando un búho abrió su ojo redondo y le gritó:

—Estucurú,

¿Qué buscas tú?,

Cocorí arrancó despavorido a todo lo que le daban las piernas. Corriendo cruzó frente al rancho del Campesino. Un olor a pescado frito le alegró las narices.

—Adiós, Cocorí, ¿a dónde vas tan ligero?

Pero no tenía ánimo de contestar y no se detuvo hasta que se encontró a salvo junto a mamá Drusila. Aferrado a sus faldas se sintió tranquilo, porque las mamás pueden defender a sus negritos de la montaña, del hambre del jaguar o del relámpago. Por eso no protestó del pellizco de la negra que le decía:

—¿Dónde has estado?

Cocorí no le contestó, lleno de remordimientos, porque siempre le había prohibido que se aventurara en el bosque. Además, a mamá Drusila era mejor dejarla que se serenara sola.

Como no estoy seguro de que lo hayan leído, no me concreto a mencionar unos cuantos párrafos, sino un tramo más largo. Veamos el planteamiento, la primera parte de la historia, va hilando poco a poco, colocando las piezas para desarrollarla hasta el verdadero conflicto, el Campesino, el mar, la selva, el monito tití, el caimán...

Cocorí era feliz. La niña le hablaba, 1e sonreía encantada. Arrastrado por su alegría, comenzó a contarle las mil y una historias del Pescador. Le habló del maligno don Tiburón, de las flores carnosas como frutas y de los monos turbulentos y traviesos.

A la niña se le llenaron de luz los ojos celestes: —¿Hay monos?

—¡Uf!, muchísimos. —¿Y viven cerca?

Cocorí, disimulando su ignorancia en los secretos de la selva, señaló con su dedito hacia las copas de los cedros:

—Allí vive la tribu de los Titíes.

—¡Ay, cómo quisiera tener uno! ¿Es muy difícil atraparlo?

Por la mente del Negrito pasaron fugazmente las prohibiciones de mamá Drusila, los ruidos que había escuchado la tarde anterior, el miedo al Tigre y a la Serpiente.

Pero la niña tenía tanta ilusión en los ojos, que todo lo olvidó.

—Yo te traeré uno —le prometió impulsivo.

Ella le lanzó los brazos al cuello y le dio un sonoro beso en la mejilla. Después le dijo, entre exclamaciones de alegría:

—Yo también quiero regalarte algo.

Y rápido corrió hacia su camarote. Cocorí se quedó pensando en la temeridad de su ofrecimiento, cuando la vio reaparecer. Entre sus manos traía una Rosa. Parecía hecha de cristal palpitante, con los estambres como hilos de luz y rodeada de una aureola de fragancia.

Para Cocorí era algo mágico. Retrocedió unos pasos asombrado. El sólo conocía las grandes flores carnosas de su trópico. Esta flor era distinta. Jamás podría cerrar sus pétalos para comerse una abeja como lo hacían las flores de la manigua. Su perfume no tenía ese aroma hipnótico de las orquídeas. Era un color como una gasa transparente que envolvió a

Cocorí en su nube. Miró a la niña atónito y volvió a ver la Rosa.

Es notable el modo en que los misterios de la selva y los sentimientos del negrito van escalonando la aventura del niño, hasta conducirla a un punto donde no es posible el regreso. La niña se irá pronto, pero el dilema que le va a dejar lo va a llevar de nuevo a profundizar en los misterios de la selva con el objeto de apaciguar su corazón

Salvador Salazar Arrúe, Salarrué, es un artista y escritor salvadoreño. En una época fue agregado cultural de El Salvador en los Estados Unidos. Empezó escribiendo sus Cuentos de barro y sus Cuentos de cipotes en periódicos, posiblemente desde 1928, o sea a los 29 años de edad. Lo notable en los cuentos de cipotes es el esfuerzo que hace Salarrué para dignificar a través del juego disparatado el lenguaje del pueblo bajo a través de un juego estilístico que entremezcla lo culto y lo popular.

Los Cuentos de cipotes (o sea de niños) reproducen el habla de los niños de los barrios bajos de San Salvador.

Salarrué es otra vertiente importante de la narrativa para niños. La menos transitada. En la que el juego de palabras, que en su caso llegan al extremo de jugar con las faltas de ortografía, el intertexto al mezclar personajes de cuentos antiguos, la caja china que mete un cuento o un sueño en otro cuento o en otro sueño, y otras gracias de la literatura posmoderna.

Junto a Salarrué hay muchos escritores que han hecho del humor, del absurdo, de la irreverencia, toda una narrativa interesante, pero no hay quien se acerque a los logros del salvadoreño que hace una extraordinaria creación con el lenguaje.

Carl Sandburg, con divertidas y locas historias, es un ícono en Estados Unidos. Existe un premio con su nombre que se concede en Nueva York. Su libro Historias del país de Rutabaga se ha editado en español en varias editoriales y, si leen inglés lo encuentran en el Proyecto Gutemberg. Nuestro Salarrué no tiene ninguna distinción semejante, ni siquiera existe una edición mexicana de su obra.

En el caso de Salarrué, como en el de Sandburg, el lenguaje se vuelve elástico, flexible, novedoso. Se asoma a la literatura de la posmodernidad, con sus juegos de palabras, cajas chinas, literatura recursiva que se mira a si misma, metalenguaje, juegos con el sentido literal o el doble sentido de las palabras. Un ejemplo de esta genial literatura es El Cuento de Olis Olis catrín y el Cañonazo, que presento íntegro:

Puesiesque un gutute mirichenambre cornoritotingo quera un animalito con nombre centífrico y que en el monte le dicen zorrillo, por fregar, levanto la pata y ¡tas! echó un chorrito de gedentina espantis diablis, que se regó a cuatro leguas a la cuadrada y dijo riéndose con dientitos delgaditos: "¡Vaya, para quianden diciendo que la Primavera, que no sé qué, que las esencias de las jlores, y el maroma de las yerbas quembalsaman la natura!" Y tiró tierra paratrás con las uñas y siguió caminando contento. Y era bien bonito el infeliz, con pelitos de blancura, catrincito, que quién hubiera dicho que les saliera aqueya chabacanada de tufo. Y un tecolote que ya se estaba desmayando lo vio pasar y se tapó las narices. Y el teco le dijo hablando ñango: "¡A la puerca con las niñas bien vestidas de la jijelife! Que no les da pena, ¡ufa!" Y todo totoreco salió volando. Y el zorrillo sólo se paró y se rascó un sobaquito y se sonrió con dientes delgaditos y siguió caminando. Y pasó por un zopiletero questaba cabeciando y diciendo "¡Qué güele, qué güele!"

"¿Qué les gusta mi olor?, les preguntó. Y un zope bajito hizo así con el dedo gordo y le dijo: "¡Miolor, miolor...; qué pretencioso el cipotío; ese olor lo tiran los ángeles de la putrufacción para quedar bien con nosotros!" Entonces el zorrillo jué pensativo de la nuca y dijo: "¡A la chucha, asaber si soy ángel y no sabía!" Y yegó onde estaba un torogós echadito en su nidito quera bien chiquitito y le dijo el zorriyo. "Torogós que te ponés el sombrero al contrario, porque en vez den la cabeza te lo ponés en el chunchucuyo, ¿soy un ángel de la putrufacción o no?" Y el torogós le dijo: "¡Te vuá contestar, pero mucho jiede: no sos ángel de nadita!" "Por qué" le dijo el zorriyo ya bravo. "Porque no tenés tirantes", le dijo el torogós. Pero como había tragado mucho tufo al hablar se desmayó. Y el zorriyo dijo "¡Buenostá, y ya me voy a verme en un espejo, a ver si es cierto ques verdá"!. Y se jué y yegó a un pozo profundis de, y profundis y se inclinó para mirar y ¡ayá bien abajo! Vio un colón de cielo y en el centro la carita diun animar y dijo: "Ayá está un pobre ratón mirando pararriba a ver quien lo saca parir a comer, pero yo no lo saco". Y miró otragüelta y dijo: "¡Ratón, ratón! ¿soy ángel o no?" Y como había eco chueco, le contestó:

"¡Oh no!... "¿Por qué?" le gritó el zorriyo tonto: "Qué" le contesto el eco chueco. "¿Qué por qué no?" le volvió a preguntar el zorriyo. "¡Porque no!" le contestó el pozo. Entonces ya jurioso el zorriyo le tiraba unas piegradas y siasomaba y siempre miraba la carita y dijo "Este animalito no se muere nunca, lo guá chorriar" y se sentó en el borde y ¡chuí! Se mió en el pozo y el pozo no aguantó y dijo con su eco chueco: "¡Ufa!"... Y pegó un destornudo macanudo y se pasó yevando al zorriyo que voló por los aigres, los vientos y las nubes hasta que pegó en la mera luna llena y despertó asustado onde estaba durmiendo y se restregó las pizuñas con las pestañas y dijo: "¡Qué giede por aquí!" y siacabuche.

Salarrúe, lleva el humor, el disparate y el lenguaje a un extremo similar al extremo que Roald Dahl lleva sus historias. Esta coincidencia con Dahl, nos debe hacer reflexionar de que la gran literatura, como lo sugiere Miller, se lleva siempre a las últimas consecuencias, a los extremos, como en este caso los Cuentos de cipotes explotan el habla disparatada de los niños de las barriadas de San Salvador.

Tenemos más ejemplos de humor y juego de palabras en Carroll. También los argentinos

Maria Elena Walsh, Ricardo Mariño y Silvia Shujer ilustran esta vertiente de la narrativa para niños y jóvenes, pero sin llegar a la altura de Sandburg y Salarrué.

No sólo de los grandes aciertos se aprende, también de los inicios fallidos, del asunto hecho bolas, del estilo anodino y de las inconsistencias de algunos autores, no precisamente para repetirlos. Basta recordar Fantasmas escolares, cómo el autor no supo que hacer con una buena idea, para obtener nosotros una enseñanza importante. En las segundas o terceras partes de un éxito editorial, casi siempre hay notables descuidos que ilustran al que quiere aprender.

Definirse como escritor de literatura infantil sigue siendo un riesgo que algunos asumimos y otros no. Todo mundo en su derecho. Esto tiene consecuencias, la mayoría buenas, y algunas no tan positivas por lo comentado en mi escrito Una caracterización de la literatura infantil. Una plena definición, sin embargo, no implica que además de la tonelada de libros para niños que hay que leer de sus grandes autores, nos alejemos de la otra literatura. Desde La Odisea y La Eneida, a La guerra y la paz y Los miserables, desde Por quién doblan las campanas y Los bandidos de río frío, al mismo Quijote y Hamlet, tenemos un mundo entero para atesorar y aprender. Tengo notas desbalagadas que aprecio mucho sobre algunas lecturas hechas a través del tiempo, sobre todo de relecturas de títulos como los mencionados. Notas sobre Cyrano de Bergerac (como autor, y como personaje de Rostand) y El último Adán de Verne, se quedaron como proyecto de ensayo. Algunas más dieron pie a un cuento o a una novela, como César Cascarón y Los cuatro amigos de siempre, Torito Pinto y El regreso de la abeja haragana. No dudo en decir, aunque ellos no estuvieran muy de acuerdo, que muchos escritores han sido mis maestros. De uno se aprende la importancia de los detalles; de otro, el tiempo y el ritmo de narración y de algunos más cómo crean ellos una atmósfera y un ambiente, cómo hacen verosímil lo inverosímil y cómo hacen crecer la tensión dramática... Es posible que no podamos hacerlo como ellos lo hicieron, pero nos dan idea para ir por nuestro propio camino y con nuestra propia metáfora de escritura.

Lo que algunos escritores han expresado aquí o allá, resulta en ocasiones interesante. Hay que leer sus puntos de vista sobre el estilo y su método artístico o las recomendaciones que hacen a los jóvenes escritores. Sin embargo, lo más valioso es lo que sueltan cuando platican sobre su vida, su época, sus conocidos, su ambiente, tal como se trasluce en algunas entrevistas a fondo. En El oficio de escritor, se reúnen entrevistas de dieciocho grandes escritores en una excelente traducción de José Luís Gonzáles. Me tocó adquirir la tercera edición en 1977, en momentos en que me hacía cargo de la difusión cultural de la Universidad Autónoma de Sinaloa y tenía tan poco tiempo de escribir que a fines del 79 tomé la decisión de dejar esa clase de ocupaciones para el tiempo libre y dedicarme a lo que realmente deseaba hacer. De todas formas leía lo más posible y pude llenar el libro de tenues rayitas para señalar de dónde a dónde saltaba algo más. Transcribo unos pocos fragmentos de tales anotaciones para motivar la lectura de esta clase de libros.

Ernest Hemingway, sobre la escritura.

—¿Podría decir algo sobre ese proceso? ¿Cuándo trabaja usted? ¿Mantiene un horario fijo?

—Cuando estoy escribiendo un libro o un cuento trabajo todas las mañanas., empezando tan temprano como sea posible después de la salida del sol. No hay nadie que moleste y hace fresco o frío y uno entra en calor a medida que escribe. Se lee lo que lleva escrito y, como uno siempre se detiene cuando sabe lo que va a suceder a continuación, sigue escribiendo a partir de ahí. Se escribe hasta que se llega a un lugar donde a uno todavía le queda jugo y donde se sabe lo que va a suceder a continuación, y entonces uno se detiene y trata de seguir viviendo hasta el día siguiente, cuando se vuelve a poner manos a la obra...

James Thurber, sobre sus influencias:

—Después de los siete años que pasé escribiendo en los periódicos, fue E. B. White quien más me enseñó cómo escribir, cómo sanear la prosa del periodismo chapucero. El de White fue un influjo poderoso, y durante mucho tiempo, en un principio, pensé que podía ser demasiado poderoso. Pero él, cuando menos, me alejó de un estilo más bien curioso que yo había comenzado a perfeccionar: una prosa periodística apretada y adornada con grandes dosis de Henri James.

—¿Entonces Henri James fue una influencia poderosa?

—Yo tengo la reputación de haber leído a todo Henri James. Lo cual habla de una juventud y una edad madura mal empleadas.

—¿Y qué nos dice usted de Mark Twain? Casi todo el mundo piensa que él ha ejercido la influencia principal en los humoristas norteamericanos.

—Todo el mundo quiere saber si yo he aprendido algo de Mark Twain. En realidad no lo he leído mucho. Si compré el Tom Sawyer, pero, qué demonios, discúlpeme usted, nunca pude leerlo entero. Se lo dije a H. L: Mencken y se escandalizó. Me dijo que los Estados Unidos sólo habían producido dos grandes novelas: Huckeblerry Finn y Babbitt.

Thurber es un humorista y no hay pierde en toda la entrevista publicada. El White al que se refiere es el autor de Stuart Little y de La telaraña de Charlotte, clásicos de la literatura infantil de su país.

Alberto Moravia, sobre el lenguaje:

—... Simplemente que el teatro moderno no existe. No que no se represente, sino que no se ha escrito.

—Pero O'Neill, Shaw, Pirandello...

—No. Ninguno de ellos. Ni O'Neill, ni Shaw, ni Pirandello, ni nadie ha creado teatro–

tragedia en el significado más perfecto del vocablo. La base del teatro es el lenguaje, el lenguaje poético. Aún Ibsen, el más grande de los dramaturgos modernos, recurrió al lenguaje cotidiano y, en consecuencia, con base a mi definición, no logró crear verdadero teatro.

Katherine Anne Porter, experiencias vitales:

—En realidad fui a México a estudiar las formas de arte maya y azteca. Había estado en Nueva York y me disponía a viajar a Europa. Pero Nueva York estaba lleno de artistas mexicanos en aquel entonces y todos hablaban del renacimiento, como le llamaban, que tenía lugar en México. Y me dijeron "no se vaya a Europa, váyase a México, allá es donde van a suceder las cosas interesantes"- ¡Y tenían razón" Me metí de cabeza en la revolución obregonista., y en medio de ella tuve la experiencia más maravillosa, natural y espontánea de mi vida. Fue una época terriblemente excitante, llena de vida y al mismo tiempo de muerte. Pero nadie parecía pensar en eso: la vida estaba allí también.

Ftancois Mauriac, sobre la metáfora personal de escritura.

Cada novelista debe inventar su propia técnica, esa es la pura verdad. Toda novela digna de llamarse tal es igual que otro planeta, grande o pequeño, que tiene sus propias leyes, así como sus propias flora y fauna. Así, por ejemplo, la técnica de Faulkner, es indudablemente la mejor para presentar el mundo de Faulkner, y la pesadilla de Kafka ha producido sus propios mitos que la hacen incomunicable. Benjamín Constant, Stendhal, Eugéne Fromentin, Jacques Riviere, Radiguet, usaron todos técnicas diferentes, se tomaron diferentes libertades y se propusieron diferentes tareas. La propia obra de arte es la solución al problema de la técnica... El gran novelista rompe su molde; sólo él es capaz de usarlo.

Y hasta aquí los fragmentos.

En la tonelada de libros para niños que habría que leer, podemos retroceder en el tiempo a La isla del Tesoro y a Alicia, a Peter Pan y a Sin familia, a Huckleberry Finn y a Príncipe y mendigo, avanzar luego a la obra de Félix Salten o de Robert M. Ballantyne o adelantarnos para leer a Nikolai Nósov y a Yuri Olesha y seguir con Astrid Lindgren y Michel Ende, entre tantos autores cuyo ejercicio literario, ha hecho posible la existencia de una literatura con el precioso adjetivo de infantil.

Como apuntaba al principio, la literatura infantil es la experiencia creadora concentrada de numerosos escritores de diversas épocas que con sus obras dan cuerpo y sustancia, con su sola existencia, a la literatura dedicada a los niños.

Alguna Bibliografía

Andre Jolles, Las formas simples, Editorial Universitaria, Santiago de Chile, 1972 .

Edward Sapir, El lenguaje, México FCE 1971.

Mijail Jrapchenko, La personalidad del escritor y la evolución de la literatura, Arte y Sociedad, La Habana, 1984.

Felipe Garrido, en Mario Rey, Historia y muestra de la literatura mexicana para niños., SM de Ediciones, México, D.F. 2000.

Michael Riffaterre, Ensayos de estilística estructural, Seix Barral, 1976.

Fernando Gómez Redondo, La estilística funcional y estructural, Liceus, Madrid, 2007.

Ascensión Rivas Hernández, De La Poetica a La Teoria De La Literatura. Una Introducción, Universidad de Salamanca, 2005.

Made in the USA
Columbia, SC
17 October 2023